Para escribir un libro como este hace falta autoridad, y eso es precisamente lo primero que salta a la luz acerca de su autor. El pastor Robert Barriger ha pastoreado la iglesia Camino de Vida, en el Perú, como un eximio cirujano que hace una operación a corazón abierto. Con sumo cuidado, pero también con una mente abierta y un corazón audaz ha liderado a esa poderosa congregación hacia la relevancia y la influencia.

Robert me ha enseñado mucho, tanto con sus consejos como con sus silencios, y lo considero uno de los más inteligentes estrategas de la iglesia de hoy. En estas páginas Robert no solo nos cuenta testimonios y experiencias, sino que cada párrafo es fruto de mucha investigación, reflexión, ensayo y error, y con mucha honestidad nos comparte su experiencia para allanarnos el camino a quienes soñamos seguir aprendiendo cómo «hacer iglesia» en el tercer milenio.

Recomiendo este libro con mucho entusiasmo a todos los pastores y líderes que anhelan seguir edificando iglesias poderosas que acerquen el cielo a la tierra.

Marcos Witt
Salmista, Pastor, Escritor

LA IGLESIA RELEVANTE

ROBERT BARRIGER

LA IGLESIA RELEVANTE

ROBERT BARRIGER

La misión de Editorial Vida es ser la compañía líder en satisfacer las necesidades de las personas, con recursos cuyo contenido glorifique al Señor Jesucristo y promueva principios bíblicos.

LA IGLESIA RELEVANTE
Edición en español publicada por
Editorial Vida – 2014
Miami, Florida

Editora en Jefe: *Graciela Lelli*
Edición: *Marta Liana García*
Diseño interior: *Juan Shimabukuro Design*

ISBN: 978-0-8297-6599-1

Categoría: Iglesia cristiana / General

IMPRESO EN ESTADOS UNIDOS DE AMÉRICA
PRINTED IN THE UNITED STATES OF AMERICA

HB 09.21.2023

DEDICATORIA

Este libro está dedicado a mi familia en el Perú, y a nuestra amada iglesia Camino de Vida. Amo nuestra iglesia y lo que Dios está haciendo en ella.

Parte de lo escrito en este libro fue tomado de las enseñanzas compartidas a pastores en diversas mesas redondas denominadas «Haciendo Iglesia» en diferentes países de América Latina.

Por ello, quiero agradecer a los pastores que han enseñado conmigo en esas mesas redondas. Al pastor Dale O'Shields, al pastor Don Wilson, al pastor Whitney George, al pastor Chris Mendez, al pastor Jonathan Wilson, y a mi hijo, el pastor Taylor Barriger.

También a los que han colaborado conmigo en Lima: a Juan Yangali, al pastor Víctor Alpaca, Joana Tacsa, a mis Timoteos y los chicos del IDL (Instituto de liderazgo de Camino de Vida).

Y un agradecimiento especial a Lucas Leys, por empujarme a escribir este libro.

Gracias

CONTENIDO

PREFACIO

Hace muchos años que conozco a Robert Barriger. Cada vez que he tenido la oportunidad de visitar su iglesia, Camino de Vida, me he sentido inspirado y animado por el tipo de iglesia que está construyendo en Lima, Perú. Una iglesia vibrante, llena de vida, llena de visión y con una habilidad increíble para alcanzar a la próxima generación, que está impactando no solo a una nación sino a las naciones con el mensaje del evangelio. Creo que la única constante en la vida (obviamente, aparte de Jesús) debería ser el cambio. Vivimos en un mundo que está siempre progresando y avanzando, y nuestro desafío como líderes es seguir progresando y avanzando en la iglesia. En Efesios, en la traducción de la Biblia [The Message], la escritura dice que la iglesia no es periférica al mundo, sino que el mundo es periférico a la iglesia. Si la iglesia va a estar en el centro de nuestra sociedad, tenemos que asegurarnos de estar siempre un paso adelante en nuestro progreso. Por esta razón, me emociona que mi buen amigo Robert Barriger haya escrito este libro, *La iglesia relevante*. Oro para que permitas que los pensamientos, la revelación y la información que hay en estas páginas te animen, inspiren y desafíen en tu forma de pensar en cuanto a edificar una iglesia contemporánea que siempre esté a la vanguardia para alcanzar a la próxima generación.

Chris Mendez
Pastor hispano, Iglesia Hillsong, Australia.

PRÓLOGO

A lo largo de la historia, la iglesia cristiana se ha caracterizado por efectuar cambios en la sociedad. Renombrados músicos, autores, artistas, filósofos, científicos y gobernantes crecieron dentro de la fe cristiana, y fue precisamente su fe la que les movió a ser distintos, a crear un futuro mejor, a cambiar la realidad en la que vivían. Creo que esa debe ser una cualidad de los que seguimos a Jesús como nuestro Señor. El creó todo lo que vemos desde el inicio, y cuando el hombre lo echó a perder, Jesús vino a cambiar y renovar todo a través de su vida, su poder, sus enseñanzas, su sacrificio y su resurrección.

La razón por la cual las personas seguían a Jesús y lo buscaban tanto (que no había lugar para sostener a las multitudes) es porque Jesús entendía su realidad y podía cambiar sus vidas. Él tenía la compasión para identificarse con ellos, pero también el poder para renovar lo que estaba destruido. La palabra relevancia, según el diccionario, es una conexión que relaciona, algo que se puede aplicar, algo que se puede identificar, afiliado, asociado, conectado, pertinente. Es conectarse a la realidad de alguien, identificarse con esa persona y ofrecer una solución que se puede aplicar. Es exactamente lo que hacía Jesús. Se conectaba a la realidad de las personas, podía identificarse con el lenguaje y la cultura de esa persona, y ofrecía una solución aplicable al problema.

Si Jesús era relevante, y a lo largo de la historia grandes personajes relevantes han sido cristianos, ¿por qué es que a la iglesia le cuesta tanto trabajo ser relevante? Parece que en vez de entender y conectarnos con la cultura para traer soluciones, solamente criticamos la cultura. Cuando las personas llegan a algunas iglesias no entienden lo que ocurre en las reuniones, la música es rara y la gente habla un lenguaje cristiano; se sienten observadas y escuchan enseñanzas que no tienen nada que ver con lo que están viviendo.

Algunos pastores e iglesias creen que ser relevante es ser «cool». Pero es más que eso. Muchos autos «cool» no son relevantes para mi familia. Son convertibles de dos plazas, pero en mi familia somos cinco integrantes. Un auto relevante para nosotros es un sedán familiar o SUV, no tan «cool», pero sí adecuado para solucionar nuestras necesidades. Otros pastores creen que ser relevante es modernizar la Biblia para que no sea ofensiva para la sociedad. La Biblia no debe y no necesita ser modernizada, es la Palabra eterna de Dios, siempre relevante; los que tienen que cambiar somos los que enseñamos la Palabra de Dios para que nuestra generación y cultura la puedan entender y sean transformados por Su poder.

Hay muy pocos pastores en el mundo hispano que entienden lo que significa liderar una iglesia relevante y ser un líder relevante. Hay menos pastores que pueden explicar, por experiencia personal, cómo transformar una iglesia para que sea relevante. El pastor Robert Barriger es un líder que entiende la cultura actual, que da lugar a las nuevas generaciones, y que ha logrado la transición de una iglesia tradicional a una iglesia relevante. He tenido el privilegio de estar en Camino de Vida y puedo testificar que tienen una cultura que se conecta con las personas, desde los voluntarios, hasta el arte en las paredes de los lobbies; desde el tipo de música en la adoración, hasta la iluminación en sus reuniones; desde el lenguaje que usan, hasta el esfuerzo extraordinario por llevar el amor de Dios a los que menos tienen y más lo necesitan. Cuando tú estás entre ellos te sientes bienvenido, es fácil conectarte con Dios y eres transformado. Esto es ser relevante.

El mundo necesita iglesias relevantes. De qué nos sirve tener el único mensaje que puede cambiar al mundo si no hacemos el esfuerzo por explicarlo de una manera que el mundo lo pueda entender. Es como cuando Pablo, el apóstol, dijo: «Amados hermanos, si yo fuera a visitarlos y les hablara en un idioma desconocido, ¿de qué les serviría a ustedes?» (1 Corintios 14.6, NTV). Mucho de lo que hacemos en la iglesia es un idioma desconocido para el mundo, y no les sirve. Algunos se preguntan por qué su iglesia no crece si están predicando la sana doctrina. Quizá es porque han dejado de conectarse con la generación actual. Quizá es porque se han aislado tanto del mundo que ya ni saben cuáles son los problemas que viven. Quizá es porque les interesa tanto mantener felices a los congregantes actuales que se han olvidado de hacer todo lo posible por salvar al perdido. La iglesia no existe para hacer felices a los religiosos; existe para llevar la salvación de Jesús a un mundo perdido.

Jesús se vistió de carne y hueso, habló el idioma de su generación, entendía los problemas de su cultura y comunidad, usaba la ropa de un hombre común, pasaba tiempo con los pecadores de mala fama, hablaba con leprosos cuando nadie más se atrevía, y todo lo que hizo fue relevante, porque ama tanto a las personas que no quiere que nadie se pierda sino que tengan vida eterna.

Robert Barriger ha escrito un libro que te hará pensar, quizá te hará sentir incómodo, y eso es bueno, porque estoy seguro de que te provocará a ser un líder relevante. Si quieres inspirarte a cambiar la historia de tu comunidad y recibir las herramientas necesarias para transformar tu iglesia, necesitas estudiar este libro con todo tu equipo de trabajo. ¡Estoy tan agradecido a Dios por el ejemplo y la amistad del pastor Robert! Es mi oración que pronto veamos una iglesia relevante en toda Latinoamérica y el mundo hispano, que ya no se queje de la cultura, sino que esté influyendo en la cultura ¡por la gracia de Dios!

Andrés Spyker
Pastor principal de la Iglesia Más Vida, Morelia, México

CAPÍTULO 1
ALABAR A DIOS SOBRE CEMENTO

¿QUÉ ES LO MÁS IMPORTANTE EN LA IGLESIA?

Crecí en Los Ángeles, California, y como vivía cerca de la playa, esta se convirtió en mi vida: amaba surfear y formé parte de un grupo de jóvenes en Santa Mónica, donde solo pensábamos correr olas e ir a fiestas. En ese tiempo (los años 70) había un movimiento cristiano llamado Jesus People (Gente de Jesús), mediante el cual miles y miles de hippies se estaban convirtiendo en cristianos. Como yo también quería conocer más de Dios, acepté la invitación de un amigo para asistir a un concierto de música en su iglesia, y, un poco en burla, le dije: «¿Un concierto en una iglesia?», y pensé que vería a una abuela tocando el órgano; pero cuando mi amigo me dijo: «No, es un concierto de música rock», no le creí: «¿De rock? ¿En una iglesia? No puede ser». Para mí la iglesia siempre había sido muy tradicional, para gente mayor, para ancianos. Mi amigo insistió: «Es para jóvenes y hay música rock». Finalmente me convenció y agregué: «Bueno, vamos a ver».

Cuando llegué a la iglesia, vi a un grupo de músicos jóvenes que al parecer recién se habían juntado, quizá no eran tan buenos, pero noté que eran como yo. En esos días, como todo surfista, solo pensaba en correr olas, tenía el cabello largo, vestía shorts y andaba en sandalias. Luego de un rato, estos jóvenes empezaron a tocar música cristiana... Eso me impresionó, y fue en esa iglesia donde entregué mi vida a Cristo.

En ese tiempo también había otra iglesia, en Costa Mesa, a una hora de camino al sur de Santa Mónica, California, que ofrecía conciertos de música rock con temas cristianos. Esa iglesia fue una de las pioneras en aceptar la guitarra eléctrica y la batería. Se llamaba Calvary Chapel y, si bien su templo para 300 personas era grande en esos tiempos, no era suficiente para los miles de hippies que llegaban a los conciertos queriendo entrar. Entonces los pastores armaron una carpa de circo en el estacionamiento y organizaron conciertos de música todos los viernes. Recuerdo esos conciertos, eran preciosos, cada vez que iba veía a cientos de hippies entregando su vida a Cristo. El pastor de esta iglesia era Chuck Smith, quien luego escribió un libro sobre esta experiencia, *Harvest*, donde narra una historia que marcó mi vida.

El pastor Chuck relata que, con mucho esfuerzo, la iglesia logró construir un nuevo local con capacidad para unas tres mil personas, era una iglesia bella con bancas de tela importada y una fina alfombra sobre el piso. Cuando llegó el día de la inauguración, el pastor fue temprano a la iglesia y encontró a muchos jóvenes sentados afuera del edificio. Les preguntó por qué no entraban a la iglesia. Y ellos le dijeron: «No podemos entrar», mientras le señalaban un letrero escrito a mano, encima de la puerta principal, que decía: «Prohibido ingresar sin zapatos». El pastor supo de inmediato de dónde venía esto; arrancó el cartel de la puerta y entró en la iglesia. Adentro, los ancianos ya lo estaban esperando y, al verlo, le dijeron lo que siempre se oye: «Pastor, la iglesia debe ser respetada, es un santuario, esos jóvenes van a ensuciar la alfombra con sus pies descalzos y sus jeans sucios, deben saber respetar la casa de Dios, ya es tiempo de enseñarles a honrar a Dios y vestirse mejor». Entonces el pastor les dijo lo siguiente: «El día que esta alfombra prohíba a un joven entrar por las puertas de esta iglesia, ese mismo día arrancamos la alfombra y alabamos a Dios sobre cemento. Si por causa de los jeans sucios tenemos que decir a un joven "lo siento, no puedes entrar a la iglesia esta noche", cambiamos las bancas de tela importada por sillas de acero; pero nunca, nunca cerraremos la puerta de esta iglesia a alguien por la forma como se ve o por su vestimenta».

Entonces hago esta pregunta: ¿qué es más importante? ¿Las instalaciones, el edificio de la iglesia, la alfombra o la gente? Aún recuerdo esa transición, cuando la iglesia dejó de ser un lugar para un grupo de personas ya salvas y bien vestidas, y pasó a ser un lugar donde todos son bienvenidos. Mucha gente llega con problemas y numerosas necesidades, con los enredos de este mundo. Muchas veces, hasta el día de hoy, las personas llegan a nuestra iglesia con un tallarín de problemas... ¿Qué quiero decir con «tallarín»? Es que su vida es un enredo, porque no se sabe dónde comienza un problema y dónde termina el otro, simplemente es un tremendo

ALABAR A DIOS SOBRE CEMENTO

nudo. Cuando me cuentan su vida y me dicen: «Pastor, ¿qué puedo hacer?», la verdad es que muchas veces no sé qué decirles; no tengo ni idea, solo las miro y les digo: «¡Te has metido en un gran problema!...». Luego me miran diciendo: «¿Qué? ¿No hay esperanza para mi vida?». Yo les respondo: «Aunque yo no lo sé, Dios sí lo sabe; si sigues a Cristo en el proceso del tiempo verás cómo Dios va ordenando tu vida».

Tenemos un Dios experto en desenredar tallarines. Y qué mejor lugar que la iglesia para que las personas puedan llegar y encontrar esta solución. Me doy cuenta de que los tallarines no siempre vienen bien vestidos; muchas veces vienen con blue jeans, tatuajes y vidas rotas. Pero, ¿qué es más importante? ¿Sanar a estas personas o proteger la alfombra de la iglesia?

Al llegar al Perú, en los años 80, encontré una situación parecida a la de mi generación de los años 60 y 70 en California; nuestra generación de hippies estaba cansada de la violencia de la guerra en Vietnam, y la gente en el Perú estaba cansada de la pobreza y la violencia en el país.

Cuando me preguntan cómo comenzó Camino de Vida (nuestra iglesia en el Perú), respondo que realmente fue por lo mismo. Porque encontré un paralelo entre mi generación de los años 70 en California y la de los 80 en el Perú. Llegué a Lima en el año 83, y viajé mucho por la costa, sierra y selva ayudando a las iglesias. Era la época del terrorismo, y cuando se puso peligroso viajar al interior del país, comencé a analizar mi trabajo con las iglesias y noté esto: en general, las iglesias en el Perú eran como esas iglesias en California que rechazaban a los hippies —de los cuales yo era uno— por nuestra manera de vestir o nuestro corte de cabello; lo cual, en parte, es legalismo, o sea, leyes y normas preestablecidas que había que cumplir antes de entrar a la iglesia o ser parte de ella. Los jóvenes que transitábamos por las calles teníamos una manera de vestir y la gente de la iglesia otra.

Durante la guerra en Vietnam tuve muchos amigos que fueron obligados a ir y pelear por una guerra que nadie quería y que parecía que era imposible de ganar. Los jóvenes solían enfrentar a la policía protestando en las calles, porque no encontraban solución en el gobierno ni en la sociedad. Hasta que Cristo llegó a ellos. Gracias a Dios que hubo iglesias que abrieron sus puertas para nosotros.

En el Perú, en los años 80, uno de cada cincuenta jóvenes lograba ingresar a la universidad, y cuando se titulaban después de años de estudios, salían a ser taxistas pues el trabajo era escaso. En estos años, la mayor esperanza de los jóvenes peruanos era salir del país, es decir, no vieron futuro en su gobierno ni en su tierra; los que no lo lograban tenían otras opciones como esforzarse en encontrar un trabajo para no seguir viviendo en la pobreza, dedicarse a la droga o creer que a través del «conflicto armado» se podrían lograr cambios.

ENTONCES ME CONTESTARON: «NO, NO HACEMOS ROCK EN LA IGLESIA, ESO NO FUNCIONA EN ESTE PAÍS»

Básicamente, la iglesia no sabía cómo responder a la desesperanza de la juventud de esa generación; y para ellos la iglesia no era una opción.

Fue entonces que pensé: *¿por qué no abrimos las puertas de las iglesias a los jóvenes?* Sabía que podíamos recibir a los jóvenes tal y como son: con zapatillas, con tatuajes y cabello largo. Tenía la esperanza de que si había funcionado en mi país, también podía funcionar en el Perú. Entonces fui a muchas iglesias y les pedí trabajar con ellos para ganar a los jóvenes. Me preguntaron: «¿Cómo?», y yo dije, entre otras cosas: «Con música rock». Entonces me contestaron: «No, no hacemos rock en la iglesia, eso no funciona en este país». Después de que tantas iglesias me dijeron que no se podía hacer eso, sentí la voz de Dios en mi interior que me decía: «Muéstrales». Y así comenzó Camino de Vida. Comencé a agrupar algunos jóvenes para darles una esperanza distinta y sana, donde podían ser parte de la respuesta y no del problema.

CAPÍTULO 2

LA IGLESIA GLORIOSA

LA ATRACCIÓN MÁS GRANDE DEL MUNDO

La iglesia no es para aguantarla, es para disfrutarla. En 1 Reyes 8.17 vemos que Salomón dice estas palabras en la dedicación del nuevo templo: «Mi padre David tuvo en su corazón edificar una casa al nombre del SEÑOR, Dios de Israel (NBLH)». Yo hago una pregunta: ¿saben nuestros hijos lo que hay en nuestro corazón? Salomón sabía lo que había en el corazón de su padre David, que era edificar una iglesia gloriosa, una iglesia bella, donde toda la familia podría entrar con alegría. Qué dirían nuestros hijos si les preguntaran: «¿Qué hay en el corazón de tu padre?». Algunos podrán decir el deporte, el trabajo, el auto, los hobbies; pero es simpático ver que Salomón sabía lo que había en el corazón de su padre: edificar una casa para Dios.

¿No es David quien afirmaba: «Yo me alegré con los que me decían: A la casa de Jehová iremos»? (Salmos 122.1). ¿No es David quien dijo: «Mejor es un día en tus atrios que mil fuera de ellos»? (Salmos 84.10). ¿Y no es David quien danzaba cuando entraba en la presencia de Dios en su ciudad, sin tener vergüenza de los que lo miraban mal? David encontró la alegría en la iglesia. La Biblia habla de una iglesia así, de una iglesia que en los últimos tiempos será la atracción más grande del mundo (Isaías 2.2).

Algunos dicen que la iglesia es un edificio, y en el Nuevo Testamento la iglesia no es el edificio sino las personas, es decir, nosotros somos la iglesia ('ekklesía' es una voz griega que quiere decir «los llamados del mundo»). ¿Es la iglesia un edificio, o soy yo, como persona, la iglesia? Dios dice en la dedicación del templo de Salomón: «Mis ojos y mi corazón estarán allí por siempre» (2 Crónicas 7.16). Dios está diciendo que sus ojos y su corazón estarán en un edificio de ladrillos para siempre. ¿Por qué? Porque es allí donde la gente encuentra a Cristo.

¿Soy yo la iglesia? No, soy parte de la iglesia. La iglesia nunca es una persona sola; la iglesia es un grupo de personas llamadas por Dios. Es decir, una persona sola no hace la iglesia; la iglesia es una familia.

En Génesis, cuando Jacob se quedó dormido en un valle mientras huía de su hermano Esaú, tuvo un sueño y vio ángeles subiendo y bajando por escaleras. Esta historia se encuentra en Génesis 28, y los versículos 16 y 17 dicen: «Y despertó Jacob de su sueño, y dijo: Ciertamente Jehová está en este lugar, y yo no lo sabía. Y tuvo miedo, y dijo: ¡Cuán terrible es este lugar! No es otra cosa que casa de Dios, y puerta del cielo» (Cuán terrible = cuán asombroso = cuán Santo). En otras palabras, Jacob despierta del sueño con esta revelación: «Dios está aquí y yo no lo sabía». ¿Cuántos podemos decir en nuestra vida que Dios estaba con nosotros y no lo sabíamos? Ha habido momentos en mi vida en que dije: «¿Señor, dónde estás?», y mirando hacia atrás, hoy me doy cuenta de que Él estuvo conmigo todo el tiempo. Esta es la clase de encuentro que tiene Jacob, él está huyendo de su hermano pero tiene un sueño y ve que Dios está con él; en otras palabras, no solo es el Dios de su padre y de su abuelo, sino de él, es su Dios.

Ahora, del versículo 20 al 22 dice: «Hizo voto Jacob, diciendo: "Si va Dios conmigo y me guarda en este viaje en que estoy, si me da pan para comer y vestido para vestir y si vuelvo en paz a casa de mi padre, Jehová será mi Dios. Y esta piedra que he puesto por señal será casa de Dios; y de todo lo que me des, el diezmo apartaré para ti"» (RVR1995). Jacob tuvo una revelación por primera vez y dijo: «Dios, en verdad, tú estás conmigo, y si me permites volver en paz a mi casa, y sigues proveyendo por mí en el camino; tú serás mi Dios. El Dios de Jacob. No solo te serviré, sino que en este lugar haré una iglesia y apoyaré con mis finanzas la iglesia». Jacob hizo su promesa porque tuvo un encuentro con Dios y quiso honrar a Dios así.

Jacob dijo al despertar de su sueño: «Esta es la casa de Dios, la puerta al cielo». Es la primera vez en toda la Biblia que esta frase, «la casa de Dios», es mencionada. En otras palabras, Jacob tuvo una revelación de que la iglesia es una puerta al cielo.

Cuando hacemos esta pregunta: ¿dónde entregó su vida a Cristo? o ¿dónde nació de nuevo?, la gran mayoría responde: alguien me invitó a la iglesia y allí entregué mi vida a Cristo. Son pocos los que nacieron de nuevo oyendo un programa de radio o viendo la televisión, y muy pocos han encontrado a Dios leyendo la Biblia a solas en su casa. La gran mayoría ha encontrado a Cristo en la iglesia. Es decir, la iglesia es una puerta al cielo. De vez en cuando encuentro a algunos que me plantean lo siguiente: «No necesito la iglesia, yo encuentro a Dios en la naturaleza». Ellos se sientan frente al mar y dicen «este es mi dios»; ven un lago, un río o una montaña y dicen «este es mi dios, esta es mi iglesia». Yo les digo: «Sí, muy linda tu iglesia, pero no es como la mía. Porque mi iglesia tiene GENTE, mi iglesia no solo está en la naturaleza, no solo soy yo y un lago, mi iglesia está hecha de una multitud, es una puerta al cielo». De hecho, la iglesia no es tan bonita como una catarata o una montaña, porque está llena de gente que viene con problemas (tallarines); pero es allí donde vemos a Dios tocar y cambiar las vidas de las personas.

LA IGLESIA NO ES PARA AGUANTARLA, ES PARA DISFRUTARLA

Amo la iglesia porque allí nos reunimos para alabar a Dios. Amo la iglesia porque es allí donde somos instruidos semanalmente en su Palabra. Amo la iglesia porque es un lugar sano para la familia, Amo la iglesia porque es allí donde paso los fines de semana más excepcionales. Es en la iglesia donde encontré a mi esposa, porque ambos tuvimos el mismo deseo de crecer en Dios. Amo la iglesia porque mis hijos han corrido por los pasillos y han encontrado amigos buenos con quienes pueden correr. Amo la iglesia porque allí mis hijos hallaron a una persona especial, se enamoraron, se casaron; y ahora amo la iglesia porque veo a mis nietos crecer y corretear por todos los pasadizos. ¿No es maravilloso que la iglesia sea una puerta al cielo? ¿Y que en su ciudad haya cientos y miles de puertas al cielo a donde la gente puede ir y encontrar a Dios?

La iglesia es una gran familia. Y, como tal, no es perfecta. A veces hay gente que dice: «Yo no voy a la iglesia porque hay gente rara». Me pregunto: ¿en nuestra familia, entre nuestros hermanos, tíos, abuelos; siempre hay un raro?, ¿no? En cada familia hay un raro, pero como es de la familia lo toleramos y lo amamos. Para mí la señal de una buena iglesia puede ser esta: un lugar donde la gente rara es aceptada. ¿Cuánta gente rara hay en su iglesia? ¿Cómo?, me preguntará usted. Es que la gente rara solo es amada en una buena iglesia. En una mala iglesia, las personas raras no se sienten aceptadas. Entonces, cuando hay mucha gente rara es una señal de una buena iglesia.

La iglesia está hecha de muchas personas, a veces con numerosas necesidades, pero siempre con el poder de Dios presente, como decía David, es un lugar glorioso.

¿Cómo ve la iglesia usted? El apóstol Pablo la veía como un pilar de la verdad; Jacob la veía como una puerta al cielo; David la veía como un lugar de celebración. Yo la veo como la esperanza del mundo.

CAPÍTULO 3
GORDOS Y VERDES

FLORECER COMO LA PALMERA

Un pasaje de la Biblia que está entre mis favoritos es Salmos 92.13–14. Ahí dice que los que están plantados en la casa de Dios florecerán como la palmera y serán vigorosos y verdes, y que incluso en su vejez tendrán fruto. Esto nos dice mucho sobre la iglesia local.

Los que están plantados en la iglesia florecerán. No solo los que simpatizan con la iglesia, o los que asisten a esta de vez en cuando, sino los que han echado raíces en ella. Entonces tengo esta pregunta: ¿cómo sabe usted si tiene raíces en la iglesia? o ¿cuán profundas son sus raíces? Y la respuesta es otra pregunta: ¿qué tan fácil es que alguien lo saque de la iglesia? A veces encuentro personas en la calle que me dicen: «Pastor, yo antes iba a su iglesia»; ahora, la verdad, yo ni siquiera me di cuenta cuándo se fueron. ¿Por qué? Porque no tenían raíces. Pero hay otras personas que tienen raíces tan profundas que dejan un vacío muy grande cuando se van. Estas raíces llegan hasta el trabajo con los jóvenes, con los hombres, con las mujeres o con los músicos de la iglesia, pero cuando ya no están, todo el mundo se da cuenta y lo nota.

Ahora, la promesa de Salmos 92 es que los que están plantados en su casa florecerán como la palmera, porque un árbol que crece con raíces profundas, ni diez, ni veinte, ni cien hombres pueden removerlo; pero cuando la planta es débil y pequeña, hasta un niño puede arrancarla fácilmente. ¡Eche raíces en su iglesia!

En la segunda parte de este pasaje vemos que es el deseo de Dios que usted florezca en su vida. La palabra «florecer» quiere decir que puede tener una vida abundante, una vida que lleve fruto; porque los que están en la iglesia florecerán, entonces parte del trabajo del liderazgo de la iglesia es ayudar a la gente para que florezca. Yo sé que algunas personas e iglesias han malinterpretado esto diciendo que son ellas las que deben ayudar a florecer al pastor; pero la verdad es que el pastor está allí para que las vidas de las personas florezcan. Si las personas que están en su iglesia no están floreciendo, el pastor debe preguntarse: ¿a qué se debe que la gente de mi iglesia no esté floreciendo? ¿Qué puedo hacer para ayudarlos a florecer?

En verdad vivimos en un mundo complicado, creo que más complicado que el de muchas generaciones antes que nosotros. La Biblia dice que en los últimos días habrá oscuridad en este mundo, y mientras más oscuridad y pecado haya en el mundo, habrá más gente herida, más gente que va a necesitar ser sanada. No miro los últimos días con temor por causa de la oscuridad que está creciendo, sino como una oportunidad que Dios nos da para que la iglesia sea un lugar de sanidad en este mundo herido. Porque es en la iglesia donde la gente puede florecer.

Hoy día las estadísticas muestran que los niños que crecen en familias sanas, se desarrollan sanos. Lastimosamente, casi la mitad de los niños del mundo no tienen la oportunidad de crecer en una familia sana; sea por un padre ausente, alcohólico o abusivo; o por la pobreza aguda que lleva a los padres a vender hasta a sus propios hijos, porque creen que así tendrán una vida mejor. Sea por la razón que sea, hay muchos niños que llegan a la iglesia con un gran número de heridas. Y aquí existe un principio que llamamos «entradas y salidas».

Este principio dice lo siguiente: como sales es como entras. En otras palabras, si una persona tiene una herida en su niñez, ya sea por abuso o maltrato, y esta herida no ha sido sanada, cuando salga de la niñez y entre en la adolescencia llevará la herida con ella; y si en su adolescencia esta herida no sana, la llevará a la siguiente etapa, que es su juventud o su adultez. Y sucede muchas veces que cuando esta persona se casa, continúa llevando consigo las heridas de su niñez y adolescencia a su matrimonio, porque como sale de una etapa es como entra a la otra.

La Biblia nos muestra que hay ciclos en la vida. En los diez mandamientos dice que el pecado de los hombres se repite hasta la tercera y cuarta generación. Por ejemplo, si un padre que fue herido de niño arrastra sus heridas a su matrimonio y es un padre alcohólico, aunque su hijo odie el alcohol, probablemente acabará siendo igual a su padre cuando tenga hijos. Así como este hombre, muchas personas tienen áreas de su vida que duelen si uno las toca. ¿Cómo podemos ayudarlos a florecer? Lo hacemos con la Palabra de Dios, su Palabra hace la obra y puede transformar una vida. Para sanar las heridas hay que estar plantados en la casa de Dios y florecer; no es solo simpatizar con la iglesia, es echar raíces. ¡Dios quiere que usted esté plantado en su iglesia!

El trabajo de liderazgo en la iglesia no es ser servidos; es servir, es ayudar a la gente a florecer en sus vidas. Como la Biblia dice en este salmo: «Aun en la vejez fructificarán; estarán vigorosos y verdes» (Salmos 92.14), y en una versión moderna dice: «En su vejez serán gordos y verdes». ¿Sabía que Dios desea que usted sea una persona gorda? Es decir, como el árbol robusto y verde. Dios quiere que su vida sea así, robusta y verde, con un gran fruto lleno de destino, lleno de la vida de Dios, lleno de la savia de Dios; de vida misma.

Mire una vez más lo que dice este pasaje: hasta en su vejez tendrán fruto. Esta es una promesa que quiero tomar para mí, y es que hay algunas personas ancianas que han sido heridas durante toda su vida, y en su vejez no son florecientes, sino todo lo contrario, pueden llegar a ser renegonas, quejosas y amargadas. ¿Ha escuchado alguna vez esto: «No lo escuches, no le hagas caso, ya está viejito»? Nadie quiere terminar como un viejo renegón, sentado en una esquina, a quien la gente no escucha, y que digan de él: «Mira, ha tenido una vida dura, hay que entenderlo».

La promesa de Dios es que en nuestra vejez podemos tener una vida fructífera, una vida que valió la pena vivir, una vida bendecida para poder bendecir. Hay algunos hombres que cuando llegan a la vejez, la gente dice de ellos: «Qué sabios son, hay que sentarse con ellos y escuchar sus palabras».

LA PALABRA HACE LA OBRA

Tengo un dicho que siempre repito en la iglesia: «Deme un año de su vida y prometo que su vida será mejor». Puedo dar esta promesa porque no tiene nada que ver conmigo (no soy tan bueno), tiene que ver con Dios, porque la Palabra hace la obra.

¿Cómo puedo hacer esta promesa tan atrevida de que en un año todo será mejor? Para eso hay que entender el principio de patrones. Todo lo que Dios hace en la Biblia, lo hace a través de patrones basados en principios. Un patrón basado en un principio es como esto: si yo digo 2-4-6, ya sabemos qué sigue. Si yo digo 5-10-15, sabemos que sigue el número 20. Lo que ocurre es que, como hay un patrón establecido en el pasado, podemos predecir el futuro, y hay muchas personas que vienen a la iglesia con un patrón de 2-4-6 en su vida que los ha llevado a un 8 no muy agradable, su vida es un enredo y cuando me piden ayuda, no puedo hacerlo en cinco minutos o media hora de una consejería, porque no es posible desenredar toda una vida de malas decisiones tan rápido. Lo que hacemos en la iglesia es ayudar a las personas a tomar decisiones distintas que pueden traer bendición en su vida, es decir, si el 2-4-6 del pasado no le ha llevado a un 8 bueno, debe cambiar el 2-4-6 para hacer un 8 mejor. Decisiones y patrones funcionan con los principios matemáticos, y también funcionan con los principios de la Palabra de Dios.

Cuando hacemos lo que Dios dice, Él siempre hará lo que ha prometido. Cuando las personas vienen a la iglesia no necesitan «mi sabiduría», sino lo que Dios dice en su Palabra; su Palabra es poderosa, nunca vuelve vacía. Y cuando tomamos lo que Dios dice y lo aplicamos a nuestra vida, puedo asegurar que la vida será mejor.

Es el deseo de Dios que su iglesia y su vida florezcan. Así como la iglesia no es para aguantarla sino para disfrutarla, la vida de usted no es para aguantarla, es para disfrutarla; su familia no es para aguantar, es para disfrutar; su trabajo no es para aguantar, es para disfrutar. Dios desea que su vida florezca en todas las áreas: profesional, familiar y espiritual. La iglesia es una herramienta que Dios ha puesto en la tierra para ayudarle a florecer. La verdad es esta: hoy día hay mucha gente que no está floreciendo, vive en un descontento continuo, vive en desconfianza con su país, ve con pesimismo su situación en la sociedad y tiene problemas en su matrimonio.

El trabajo pastoral es precisamente ayudar a la gente a florecer, ya que la Palabra hace la obra, lo que debemos hacer es enseñar su Palabra. A veces he oído a líderes de iglesias decir frases como estas: «Yo cambié tu vida, tú me debes», «yo te ayudé, tú me debes»... Yo hago esta pregunta: si alguien le debe, ¿cuándo está cancelada esa deuda? Como líderes, nadie nos debe nada, lo que hacemos es por el amor de Dios, es un privilegio enseñar su Palabra y ver cómo esta cambia la vida de las personas. Dios es el que cambia vidas. Su Palabra hace la obra. Nosotros tenemos el honor de enseñar su Palabra, y su Palabra funciona.

Sí, entiendo el principio de honrar a los líderes y los que enseñan la Palabra; la Biblia habla de la necesidad de honrar a los que merecen la honra; pero recuerden: el que cambia vidas es Dios. Yo puedo honrar a mi pastor o a un líder porque ha dedicado su vida a enseñarme la Palabra y me ha hecho florecer. Pero la única deuda que tengo es con Cristo, porque Él murió por mí.

Un pastor joven estaba bajando del púlpito después de dar una enseñanza. Al hacerlo, se sintió humillado al pensar que no había alcanzado la meta con su enseñanza. Él sentía que había fracasado, hasta que otro sabio pastor se le acercó y le dijo lo siguiente: «El poder está en la semilla y no en el sembrador». Qué frase tan poderosa para recordar: «El poder está en la semilla y no en el sembrador». Esto quiere decir que cuando sienta que ha fracasado al entregar la palabra, debe recordar que el poder no está en usted, está en la semilla, en la Palabra de Dios que es poderosa. De la misma forma, cuando al enseñar la Palabra de Dios, sienta que ha conectado muy bien y que ha enseñado una palabra poderosa, tenga cuidado de no tomar el crédito que no le corresponda, porque el poder está en la semilla y no en el sembrador. A veces vemos a pastores y líderes que andan como si fueran los grandes ungidos de Dios, a quienes nadie se les puede acercar porque han estado en el «monte Sinaí». Recuerde siempre, el poder está en la palabra y no en el sembrador.

Si se culpa por los malos resultados del ministerio, lo más probable es que también tome el crédito por los buenos resultados. Recuerde, el poder está en la semilla y no en el sembrador.

CAPÍTULO 4
LA CULTURA EN EL MUNDO

EL LENGUAJE DE LA NUEVA GENERACIÓN

En la actualidad, en el mundo existe un fenómeno que viene junto con la globalización, con Internet y los medios sociales como Twitter, Instagram, Facebook y otros. Por causa de estos medios sociales cada vez existen menos fronteras. El fenómeno es este: en cada país los abuelos son diferentes. Los abuelos en Argentina son diferentes a los abuelos del Perú; los del Perú son diferentes a los de México, y los de México son diferentes a los de Estados Unidos, Europa, África o Asia. Pero hoy, los hijos son iguales en todos lados.

Los medios sociales han reducido las distancias de espacio y tiempo. Uno puede ir a cualquier país del mundo y los jóvenes se visten igual, y tienen los mismos gustos y las mismas costumbres. Por eso, llama la atención cuando algunas personas dicen que un método solo puede funcionar en Estados Unidos, Europa o Asia, pero no funciona en nuestro país. Dicen que nuestra cultura es diferente y la verdad es que nuestra cultura está en constante cambio. La cambió Apple, Microsoft, MTV, y la cultura sigue cambiando. Algunas personas dicen, por ejemplo, que quieren cuidar la cultura de su música en la iglesia, y eso está bien; pero también deben entender que hoy día la música de los jóvenes en todo el mundo es casi igual y continúa en constante cambio.

La cultura de cada nación es bella: su comida, sus danzas, su historia y sus orígenes; pero tenemos que darnos cuenta de que el mundo está cambiando y la juventud de hoy está deseando ese cambio. Tengo referencias, por ejemplo, de que en los países donde el Islam es fuerte, las redes sociales están despertando el interés de los jóvenes, diciendo que quieren los cambios que ofrece el cristianismo y no la rigidez de su religión.

La cultura siempre cambia, porque desde el principio existían muchas cosas que eran culturales y que tenían que cambiar. Por ejemplo, en la India, la cultura de hace algunos años decía que cuando una mujer se casaba con su marido, el día que él muriera, ella tenía que ser quemada viva sobre el cuerpo de su esposo... Era una costumbre, era su cultura; muchas veces los matrimonios eran arreglados, si la esposa era una joven obligada a casarse con un hombre mayor, cuando el hombre moría, por cultura, ella también era obligada a morir.

La verdad es que hay áreas de la cultura que deben cambiar, y es el cristianismo el que a través de la historia ha sido el impulsor de estos cambios. Por ejemplo, la medicina y el sistema de educación modernos provienen de la iglesia y de misioneros que planteaban que todos tenían derecho a la educación, aun cuando la cultura decía que solamente ciertas clases tenían ese privilegio. Fue la iglesia y misioneros como David Livingstone quienes llevaron el concepto de higiene y los primeros hospitales a países en África, Asia y América Latina.

Recuerdo aquella vez cuando un pastor en el Perú me llamó muy molesto reclamándome porque yo estaba cambiando la cultura de su país. Cuando le pregunté en qué sentido, él me dijo que tenía todo el derecho de castigar (golpear) a su esposa. Yo le contesté: «Tienes razón, estoy cambiando la cultura de tu país, porque ninguna mujer debe sufrir maltrato físico o verbal por parte de su marido».

En América Latina, la cultura puede ser bella, llena de colores y danzas, fiesta y alegría, llena de comida exquisita; pero también existen en su cultura algunas costumbres muy tristes. Muchas veces escucho esta frase: «La ropa sucia se lava en casa». Es una manera de decir que los niños que han sido abusados sexualmente por un pariente, o las mujeres que sufren golpes de un hombre por machismo, son enseñados a sufrir, aguantar y guardarlo en su casa. Es triste cuando vemos las estadísticas, y el alto porcentaje de los niños en América Latina que reciben algún tipo de maltrato sexual. En el Perú, las víctimas más frecuentes de abuso sexual son niños, niñas y adolescentes que tienen entre los diez y catorce años de edad.

Un estudio realizado por *Save the Children* (Salvar a los niños) refleja que el 18,8% de niños, niñas y adolescentes recibe maltrato físico en las escuelas, y el 49% lo recibe en el hogar.

Otro organismo como el Centro de Emergencia Mujer (CEM), del Ministerio de la Mujer indica en sus estadísticas que 68,3% de niños ha declarado que sus «castigadores» son sus propios padres. De otro lado, según la publicación La exclusión social en el Perú (UNICEF), se estima que ocho de cada diez casos denunciados por abuso sexual en niños tienen como victimario a un miembro del entorno familiar o escolar.

La Oficina de las Naciones Unidas contra las Drogas y el Delito (ONUDD) señala que la esclavitud bajo distintas formas es un negocio que mueve anualmente 30 mil millones de dólares.

La Organización Internacional de Trabajo (OIT) señala que el 98% de las víctimas identificadas en la trata de personas con fines sexuales son mujeres y niñas.

En el mundo se calcula que existen más de 12 millones obligadas a trabajos forzados, y casi la mitad son niños.

En América Latina y el Caribe se estima que son 1.320.000 millones.

Aproximadamente 5,7 millones de niños y niñas son víctimas de trabajo forzado y en condiciones de esclavitud.

Un millón de niñas, niños y adolescentes cada año, principalmente niñas, son forzados a dedicarse a la prostitución y pornografía infantil en todos los países.

En la selva del Perú hay entre 20.000 y 45.000 esclavos, en Bolivia un poco más y en Paraguay hay entre 8.000 y 10.000. Según una entrevista dada a la BBC de Londres por Roger Plant, responsable del programa contra el trabajo forzoso de la OIT.[1]

Las mujeres que presentaron denuncias por violencia familiar en comisarías van en aumento; en 2009 se registraron 86.112 casos y en 2011 fueron 100.611 casos; esto es casi una denuncia cada cinco minutos.[2]

Lo repito una vez más, ninguna mujer o niño debe sufrir maltrato físico, verbal o de otra índole por parte de su marido o de su padre. Es esta la parte de la «cultura» que debemos cambiar.

Hoy día encuentro esta curiosidad: en nuestra iglesia tenemos la posibilidad de llegar a muchos pueblos olvidados en la sierra alta del Perú. Ahí podemos ver lugares donde los padres y abuelos han practicado por generaciones las mismas costumbres y tradiciones. Se visten igual que sus antepasados de hace 500 años, trabajan sus cultivos tal y como sus padres, abuelos y antepasados lo hicieron. La mayoría son analfabetos, no tienen que leer ni escribir porque se levantan temprano para ir a trabajar en sus cultivos y regresan tarde a casa para dormir. Por otro lado, sus hijos tienen Facebook y se comunican por correo electrónico. Esto nos dice que las fronteras del mundo en la actualidad están cayendo.

En el mundo de los negocios se sabe esto, si hacen negocios hoy con métodos de veinte años atrás, mañana no tendrán negocio que administrar; y si hacemos la iglesia hoy con métodos de hace veinte años, o como nuestros abuelos, mañana no tendremos iglesia que disfrutar.

Entonces, la consigna es: no podemos alcanzar a los hijos como hemos alcanzado a los padres; el mundo de los jóvenes se ha ampliado gracias a los medios sociales.

¿Hay culturas que deben cambiarse? Sí, hay culturas que deben cambiarse. Incluso dentro de la misma iglesia hemos guardado algunas costumbres que se deben cambiar, lo cual a veces es difícil pues las vemos como algo ya establecido. Generalmente son las personas mayores las que piden no cambiar; hoy día los jóvenes miran muchas de las costumbres de la iglesia tradicional, y dicen «es ridículo», especialmente cuando los obligan a escuchar música de una generación anterior y vestir como ellos lo hacían.

En la Biblia, lo único que nunca cambia es Dios, todo lo demás cambia, pero Dios nunca cambia. Los métodos sí cambian. Entonces, cuando equivocadamente tomamos un método y lo elevamos a un nivel donde ese método ya no puede cambiar, hacemos de él un ídolo, porque hemos elevado un método que puede cambiar, a un nivel divino que no puede cambiar. Por eso, si es tiempo de cambiar, ¡cambia! Tengo un par de dichos muy sencillos: «El cambio no es cambio hasta que se cambia» y «el cambio es lo único constante en la vida». Si la iglesia no lidera en estos cambios, lo hará MTV, si es que no lo está haciendo ya.

COMUNICANDO MEJOR EL EVANGELIO

¿Cómo podemos comunicar mejor las buenas nuevas? ¿Cómo podemos comunicar mejor lo que Dios ha hecho por nosotros? ¿Cómo podemos hacer que la gente tenga un mejor concepto de la iglesia? Tenemos el mensaje más poderoso del mundo, pero no sabemos cómo comunicarlo bien. Tenemos el mejor regalo del mundo, pero a veces está envuelto en un papel feo.

El mundo está cambiando más rápido que nunca. Una persona en medio de la selva con un teléfono celular e Internet tiene más información en la mano que el presidente de Estados Unidos hace veinte años. Por eso, una de las competencias más grandes de la iglesia en el día de hoy es la información. Como nunca antes estamos rodeados de información, y esta también puede traer distracción a esta generación como a ninguna otra antes.

En la actualidad sucede algo que para mi generación resulta curioso: si uno predica a una congregación de jóvenes sobre un tema en particular, algunos de ellos durante la enseñanza buscan información acerca de lo que se está predicando desde sus teléfonos móviles. La información hoy día va a la velocidad de la luz.

Una persona ve un promedio de cinco mil mensajes al día (letreros en la calle, comerciales de TV, propaganda en los buses, volantes, personas con productos, etc.); todos estos mensajes están gritando para capturar la atención de la gente. Nosotros presentamos nuestro mensaje en la iglesia, pero debemos saber que es uno entre otros cinco mil que a diario reciben las personas. Por esto, el desafío es: ¿cómo logramos que nuestro mensaje sobresalga del resto? Una vez más, tenemos el mejor mensaje del mundo, pero a veces no sabemos cómo presentarlo.

Hoy día, el televisor está prendido ocho horas diarias, y las personas, como promedio, duermen seis horas al día; es decir, la TV le gana al sueño. En la iglesia solo tenemos una o dos horas a la semana. Son dos o tres horas semanales contra ocho diarias. Y si no sabemos cómo comunicar el mensaje estamos perdiendo gente. ¿Cómo peleamos una batalla contra las cinco mil voces diarias de la calle? Es una batalla para ganar influencia, y el blanco principal es la juventud.

En la actualidad las redes sociales (Facebook, Twitter, Instagram y otras) han superado a la pornografía en Internet, y eso es bueno. ¿Pero qué significa? Que esta red es una gran atracción. Si Facebook fuera una nación sería la quinta más grande del mundo. La Biblia dice: «Id por todo el mundo y predicad el evangelio» (Marcos 16.15). Si Facebook fuera una nación, ¿no sería un nuevo lugar para pastorear? Hay que cambiar la metodología de la iglesia.

Repito, tenemos el mejor mensaje del mundo. ¿Cómo hacer para que este mensaje llegue al mundo? ¿Cuál es nuestra historia? ¿Qué ha hecho Dios en nuestra vida personal? ¿Por qué esto es importante? Porque lo que Dios ha hecho en nuestra vida es único y debe ser escuchado.

Otra curiosidad que hoy día encontramos es esta realidad: un gran porcentaje de las personas que van a la iglesia por primera vez, han navegado por la página web de la iglesia antes de visitarla. Es decir, cuando llegan el domingo ya nos conocieron previamente. La visibilidad en este mundo es tan importante como la habilidad. En la actualidad no solo debemos tener habilidad sino también visibilidad. Ser visible para que la gente se dé cuenta de nosotros, para poner nuestro mensaje entre los cinco mil diarios que ellos ven, y que nuestro mensaje sobresalga para que se den cuenta del poder que tiene. Hoy día hay mucha «bulla» en el mundo, pero recuerda: nuestro mensaje puede ser admirado, observado y oído. La iglesia tiene que tener visibilidad, pero no olvides que ¡las redes sociales no perdonan! Nos obligan a andar con más integridad que nunca antes. En estos tiempos, las noticias corren con el viento.

Las grandes empresas del mundo saben el poder de las redes sociales. Si hace diez años alguien tenía una mala experiencia en una tienda o en un negocio, esa persona iba y lo contaba a siete amigos suyos. Hoy día, si alguien tiene una mala experiencia en un negocio, siete mil se enteran por las redes sociales. Pastor, imagine esto en su iglesia; si hace diez años alguien entraba a su iglesia y encontraba a algún hermano con mal genio, lo contaba a siete personas; hoy todo el mundo lo sabría. Por esto, nuestra gente debe ser amable. Tenemos que lograr que cuando alguien venga a la iglesia, viva la mejor experiencia; tras una mala experiencia, la gente pasa la voz; así como se gana buena reputación si la persona tiene un momento agradable. Un buen nombre vale más que el oro.

Dios es creativo, y si Él es creativo, ¿por qué no podemos ser creativos para poner nuestro mensaje en un mundo con tanta «bulla»? ¿Por qué no podemos tener más creatividad en la forma que presentamos nuestra fe? Por ejemplo, la mayoría de los logos de las iglesias son palomas, banderas y mundos... ¡Dios es más creativo que esto! No digo que esté mal, cada quien tiene su estilo y forma de pensar. Nuestro logo en Camino de Vida es una palmera, y no es porque soy amante de la playa, es por el salmo 92.

Busquemos más formas de hacer famoso a Jesús. Promovamos lo que Dios está haciendo. Le pregunto a usted: ¿está entrando al mundo de la juventud a través de los medios sociales? Estoy seguro de que hay personas dispuestas a hacerlo en su iglesia. Hoy día hay más teléfonos celulares en el mundo que personas. ¡Tómelo en serio! No tema usar las redes sociales para dar al mundo un mensaje de esperanza y salvación.

CAPÍTULO 5
LA MUERTE DEL VAQUERO

NO HAGA DE SU VIDA UN ESPECTÁCULO

La iglesia sigue iterando, mejorando, cambiando, nunca podemos decir que ya llegamos. La Biblia dice en Apocalipsis 19.7 que la novia se ha alistado. ¿Qué quiere decir esto? Que la iglesia sigue trabajando, mejorando diariamente. Y seguiremos trabajando hasta el día de las bodas del cordero. ¿Qué quiere decir iterar? Iterar significa repetir, renovar, mejorar, cambiar.

Ya lo he mencionado, el cambio es lo único constante en la vida, y el cambio en la iglesia es importante. La iglesia de hoy, gracias a Dios, no es la misma de hace veinticinco años, y la iglesia de los próximos años no será igual a la iglesia de hoy, seguimos iterando y mejorando. Existen iglesias que no cambian nunca, siguen igual mientras el mundo avanza, y esto hace que queden en un vacío de tiempo; y cuando la iglesia está en un vacío de tiempo se vuelve invisible ante un mundo que sigue cambiando. Esto es lo que pasa cuando la iglesia no está dispuesta a iterar. Si eso continúa así, tales iglesias no serán relevantes para la próxima generación.

Hace algunos años nos dimos cuenta de la necesidad de hacer grandes cambios en nuestra iglesia Camino de Vida. Antes creía que las personas trabajaban muy fuerte para llevar a cabo su visión, lo cual me llevó a apoyar esas visiones. Cuando me decían: «¿Puedo hacer esto?» Yo les respondía: «Sí, hazlo». Y a todos los que venían con una visión les decía que la hicieran. Llegué a contar casi ochenta ministerios o visiones dentro de la iglesia. Pero muchas visiones en la iglesia llegaron a ser un problema. Es un caos manejar una iglesia así, porque el ministerio que tenía más carisma ese mes llevaba a la iglesia consigo, y eso hacía que las otras áreas o ministerios se resintieran. Siempre existía un ministerio que decía: «¿Y por qué nosotros no?». Un mes eran los jóvenes, otro mes las mujeres, luego los niños; y esto creó competencia dentro de la misma iglesia. Entonces supe que no debían existir ochenta visiones en la iglesia, sino una sola, y esta es: la visión de la casa.

El prefijo latino di significa dos o doble, entonces, cuando hay más de una visión, eso se llama división; y cuando hay división en la iglesia, esta no tiene el mismo impacto que cuando está en unidad. Hubo un tiempo en que definimos el ADN de nuestra iglesia. Cuando hablo del ADN de la iglesia, me refiero a que cada iglesia tiene un llamado y una manera particular de presentar a Jesús dentro de su comunidad. Gracias a Dios existen diferentes llamados e iglesias. A las personas que no podemos alcanzar, otras iglesias sí las alcanzarán; y nosotros alcanzaremos a personas que otras iglesias no puedan.

Para explicar mejor el ADN, lo compararé con el perfume de una mujer. Mi esposa, por ejemplo, siempre usa el mismo perfume, y lo hace a propósito, lo que ella busca es que sus hijos y nietos, al sentir su aroma, la reconozcan y piensen en ella. Al entrar en una habitación, puedo afirmar con certeza que mi esposa estuvo ahí, porque percibo su aroma.

El ADN de una iglesia es similar, me gustaría que cuando las personas digan: «Soy de Camino de Vida», otras respondan: «Ya lo sabía, porque hueles a Camino de Vida».

Entonces, ¿cuál es nuestro ADN? Lo definimos en cinco puntos: humildad, pasión de servir, alegría de vivir, autenticidad y relevancia.

Este ADN nos ayuda a identificar quiénes somos en nuestra iglesia, y cómo queremos ser conocidos ante la sociedad. Por ejemplo, la Biblia dice en 1 Pedro 5.5: «Dios resiste a los soberbios, y da gracia a los humildes». Si Dios da gracia a los humildes, si Dios resiste a los soberbios, yo digo, usted me puede resistir, el mundo me puede resistir, mi familia me puede resistir, pero yo no quiero que Dios me resista. Yo necesito su gracia. La gracia para mí es como una puerta abierta, resistencia es una puerta cerrada; no quiero que Dios me cierre las puertas por una actitud de soberbia. En Camino de Vida cuidamos este ADN de humildad. Por esa razón, cuando yo escucho a un pastor decir: «Yo cambié tu vida, tú me debes», yo le digo: «No, nosotros no cambiamos vidas, Dios lo hace».

También la gente de nuestra iglesia tiene esta pasión de servir, creemos que el que quiere ser grande en este mundo debe ser el siervo de todos. Cuando nuestra iglesia sirve debe hacerlo sin condiciones. Es por eso que tenemos un ministerio llamado Servolución, ¿Qué quiere decir Servolución? Es una revolución por servir, es cuando salimos a servir a personas sin buscar retorno alguno.

Cuando hablo de alegría de vivir, recuérdelo, me refiero a que la iglesia no es para aguantarla sino para disfrutarla; creo que la iglesia puede ser el lugar más alegre de la Tierra. David lo creía así cuando decía que se alegraba con los que iban a la casa de Dios. Por eso nuestros servicios no deben parecer un servicio fúnebre, sino un lugar de mucha alegría y gozo.

EXISTEN IGLESIAS QUE NO CAMBIAN NUNCA, SIGUEN IGUAL MIENTRAS EL MUNDO AVANZA, Y ESTO HACE QUE QUEDEN EN UN VACÍO DE TIEMPO

Cuando hablo de ser una iglesia auténtica, quiero decir que la gente viva de lunes a sábado igual que el domingo. Conocemos a algunas personas que vienen con sonrisas y una gran Biblia a la iglesia el día domingo, pero de lunes a sábado viven igual que los que están en el mundo, es decir, profesan a Cristo el domingo, pero practican ser ateos de lunes a sábado. Me sorprende cuando veo a gente que trabaja en el mundo o en la política, y tratan de diferenciar la vida en la iglesia de su trabajo, es decir tienen un comportamiento en la iglesia y otro fuera de ella. Yo creo que la vida cristiana es veinticuatro/siete, y que gente así de auténtica puede cambiar el mundo.

Finalmente, cuando hablo de una iglesia relevante, me refiero a que estoy dispuesto a cambiar lo que sea necesario para alcanzar a la próxima generación.

Recuerde que Moisés y su generación, al salir de Egipto, vieron milagros y el poder de Dios en el desierto. La siguiente generación de Josué recibió la promesa de su padre y con batallas tomó posesión de ella, pero la Biblia dice que después de Josué se levantó una generación que no conoció a Dios (Jueces 2.10). Es decir, los nietos de Moisés vivían en la prosperidad de la promesa, pero sin

Dios. Es posible que nosotros obtengamos la promesa, pero que nuestros hijos y nietos se pierdan en el mundo porque la iglesia no está dispuesta a cambiar.

Al llegar a la decisión de hacer cambios en la iglesia para instalar el ADN, sabía que teníamos que matar determinadas visiones, y allí observé que algunas de ellas no mueren fácilmente, porque hay personas que no quieren someter su visión a una más grande. Siempre están tratando de llevar agua para su molino, usando los recursos de la iglesia para desarrollar su visión personal. Para ellas es difícil dejar esto de lado, aun sabiendo que hay una visión mayor. Por eso era necesario matar esas visiones para fortalecer una sola, la visión de la casa. Hay fuerza en la unidad de la iglesia, ahí es donde Dios promete enviar bendición y vida eterna.

Cuando llegó el momento de «matar» las ochenta visiones, algunos cristianos no lo tomaron a bien. Y es que no solo existen visiones dentro de la iglesia, a veces hay otras visiones fuera de ella, que quieren usar sus recursos para otros fines.

Las llamamos ministerios paraeclesiásticos. Mayormente, en el pasado un ministerio paraeclesiástico realizaba un trabajo que la iglesia no hacía, trabajando con huérfanos, discapacitados o en un área de evangelismo que en su tiempo era válida. El problema surge cuando vienen personas y miran a la iglesia como un lugar del que pueden obtener recursos para su ministerio.

Hay que entender que existe fuerza en la unidad, y si vienen ministerios paraeclesiásticos creyendo que tienen el derecho, o que la iglesia tiene la obligación de apoyarlos, se comportan igual que los ministerios o equipos dentro de la iglesia, los cuales solo quitan fuerza y causan división.

Tenga cuidado con los ministerios paraeclesiásticos, no siempre conviene trabajar con ellos. La iglesia tiene una visión que llevar a cabo, guarda esa visión con cuidado. No quiero generalizar pues hay algunos que trabajan con mucha ética y respeto hacia la iglesia local. Pero tenga cuidado con los que quieren cosechar dentro de la iglesia. Puede ser algo tan simple como que alguno quiera hacer una actividad profondos para un trabajo que desee realizar con niños. Si permite hacer eso con alguno, pronto se levantarán otros que digan «si permitiste que ellos lo hicieran, yo también quiero apoyo para mi proyecto o visión». Y luego vendrá un tercero y un cuarto.

Nosotros creemos en la iglesia local y no permitimos que estos ministerios, aunque tengan una causa noble (algunos), trabajen dentro de la iglesia. Guardamos la unidad de la visión de la casa. No van a faltar estos ministerios paraeclesiásticos que le quieran hacer sentir obligado a apoyarlos, y le dirán: «Pastor, tienes que hacer esto, tienes que hacer aquello».

Mi libertad vino cuando me di cuenta de que no tengo que hacer todo, solo puedo hacer lo que puedo hacer, lo que está a mi alcance; puedo alcanzar más con un pueblo unido. Entonces, si tengo que «matar» visiones dentro de la iglesia, por qué no voy a «matar» algunos ministerios que no son de la iglesia pero quieren aprovecharse de ella. Si lo hago, es para proteger la unidad de la iglesia.

> **ES POSIBLE QUE NOSOTROS OBTENGAMOS LA PROMESA, PERO QUE NUESTROS HIJOS Y NIETOS SE PIERDAN EN EL MUNDO PORQUE LA IGLESIA NO ESTÁ DISPUESTA A CAMBIAR**

Hay una enseñanza de la Biblia: «He sido crucificado con Cristo, y ya no vivo yo sino que Cristo vive en mí» (Gálatas 2.20, NVI). Todos debemos renunciar a nuestros deseos cuando se trata de un bien mayor; el problema es que algunos prefieren ser generales sobre veinte, que sargentos sobre mil. Si uno hace huir a mil y dos hacen huir a diez mil, entonces hay un factor multiplicador en la iglesia cuando caminamos en unidad.

La verdad es que todos nosotros tenemos momentos en la vida en que debemos «morir» por algo mejor, cambiar por una causa mayor, y esto sucede cuando nos damos cuenta de que la iglesia es más grande que mi visión individual.

Ahora bien, ¿cómo debemos morir? Yo digo esta frase: «No tengas la muerte de un vaquero». ¿Y cómo es la muerte de un vaquero?

Todos hemos visto esas películas antiguas de vaqueros, donde el héroe mata a los hombres malos; con solo una bala elimina a tres, luego al aterrizar sobre una mesa en medio de la pelea mata a dos más; cae por la ventana, la rompe y recibe tres balas en el pecho, pero mata a cinco más; logra pararse y lleva la pelea hasta la calle donde empieza a morir lentamente mientras mata a dos más, besa a su mujer, se despide de su caballo, mata a uno más, y tiene tiempo para unas últimas palabras de despedida con su hijo... Estoy exagerando, por supuesto, pero esta es la muerte de un vaquero.

Entonces, una vez más, ¿cómo debemos morir? Señalaré cuatro puntos concretos:

1. **«Muera rápido»**, es decir, si hemos sido crucificados con Cristo, ¿hay algo en nosotros que debe morir? No lo resista, no pelee solo muera rápido.

2. **«Muera silenciosamente»**, en otras palabras, no vaya gritando a todo el mundo «el pastor me está matando» o «Dios me está matando»; simplemente, si Dios quiere matar algo en usted como su orgullo, un hábito o un área de su vida, muera silenciosamente.

3. **«Muera limpio»**, no vaya sangrando por todo el mundo, llevando a otros consigo en su dolor.

4. **«No resucite»**, solo los monstruos como los de la película en viernes 13 resucitan, y no necesitamos un Freddy Krueger en la iglesia.

Si hay algún área de su vida que Dios quiere matar, muera rápido, silencioso, limpio y, por favor, no resucite.

Cuando logremos entender que el plan de Dios es mejor, que andar en una visión unida es mejor, entonces será fácil dejar de lado nuestra visión y unir fuerzas. Como dice la Biblia: «¡Mirad cuán bueno y cuán delicioso es habitar los hermanos juntos en armonía!» (Salmos 133.1). Cuando estamos juntos, Dios nos envía bendición y vida eterna.

CAPÍTULO 6
MAR ROJO, MAR AZUL

LA IMPORTANCIA DE IDEAR NUEVAS ESTRATEGIAS

En la actualidad hay un concepto de marketing que se denomina la estrategia del mar azul. Es un estudio de Harvard, de W. Chan Kim y Renée Mauborgne, que recomiendo mucho porque lo encuentro muy interesante. Ahí se habla de que en el mundo de los negocios existe un mar rojo y un mar azul. El mar rojo es rojo porque es el mar de la competencia, cuando las empresas pelean por un mercado: por ejemplo, Pepsi vs. Coca Cola, Burger King vs. Mc Donald's. Esta competencia la vemos en muchas áreas; sucede que cuando una marca alcanza el éxito, hay muchas otras que buscan hacerle la competencia. En el mar azul, en cambio, las ideas son novedosas y distintas.

El estudio habla del caso de un circo, el Ringling Brothers [Hermanos Ringling]. Este circo era el show circense más grande del mundo, usaban payasos, animales, famosas estrellas, y vendían muchas golosinas y entradas a precios populares... Era un show espectacular. Ahora bien, los demás circos que venían después de Ringling Brothers competían en el mar rojo, es decir, ellos también ofrecían payasos, animales y golosinas, eran buenos, pero no tan grandes ni exitosos.

Hasta que un día llegó una idea novedosa para un circo, sería uno sin animales, sin famosas estrellas, sin el típico payaso, no se venderían golosinas dentro del local y la entrada sería costosa. Muchos decían que esta idea no iba a funcionar, pero el creador del Cirque du Soleil [Circo del Sol] entró en el mar azul, un mundo sin competencia. Hoy día constituye la cadena de circos más grande del mundo. Es fascinante disfrutar del Cirque du Soleil por lo espectacular que es. ¿Por qué? Porque ellos entraron al mar donde no había competencia, al mar azul. Y mientras los demás circos continúan en el mar rojo compitiendo con sus animales y payasos, ellos hicieron algo totalmente novedoso.

¿Por qué menciono este estudio? Porque en la iglesia cristiana hemos estado en el mar rojo por muchos años. Competimos entre nosotros, pues decimos: «Tú tienes un evento, yo tendré mi evento más grande»; «tú llevas a este cantante, yo llevaré a aquel otro»; «tú haces una conferencia, yo haré una conferencia con más gente». Seguimos en el mar rojo y, tristemente, a veces hasta peleamos por las personas que pasan de una iglesia a otra. ¿Por qué no pensar en algo distinto, en vez de estar en el mar rojo compitiendo con la iglesia de la esquina? ¿Por qué no entrar en el mar azul? En otras palabras, hacer lo que otras iglesias no hacen.

Tengo este dicho: «Si quiere ver crecer su iglesia, solo busque una picazón y rásquela». Es decir, busque un problema que nadie esté cubriendo y encuentre la forma de presentar a Cristo como la solución. Por ejemplo, en nuestra iglesia en el Perú realizamos un trabajo con personas discapacitadas a quienes les regalamos sillas de ruedas. Estas personas tenían muchas dificultades para desplazarse, están entre los más pobres de los pobres porque como no pueden trabajar, dependen de la misericordia de un familiar o de un amigo que las ayude, requieren que alguien las levante, las cargue o bañe, porque simplemente no pueden caminar. Cuando regalamos sillas de ruedas a personas pobres con discapacidad, nos gusta decir que las levantamos del suelo y las ponemos en las manos de Jesús. Les devolvemos la dignidad de poder atenderse por su cuenta.

Luego ya no tienen que seguir gateando. Cuando las atendemos no solo ayudamos a quien recibe la silla, también ayudamos a toda la familia que ya no tiene que cargarla o llevarla. Al hacer esto nos ganamos el derecho de ser escuchados, se abren más al evangelio cuando reciben la ayuda. Y cuando preguntan por qué hacemos esto, decimos que queremos mostrar cómo Cristo las ama...

¿Y cómo nos dimos cuenta de esta necesidad, de esta picazón? Fue por Joni Eareckson, una señora que quedó cuadripléjica por un accidente en una piscina. Hoy día tiene un ministerio mundial y para ella nada es una limitación. Cuando llegó al Perú trajo consigo un contenedor de sillas de ruedas, y su grupo pidió nuestra ayuda para repartir unas 400 sillas. Yo me preguntaba dónde podía repartir 400 sillas de ruedas, pero me aseguraron que había gente que las necesitaba, entonces fuimos a una zona marginal donde decían que había personas discapacitadas y yo pensé: bueno, llevo conmigo 100 sillas porque es probable que no haya más de 100 personas que necesiten una silla de ruedas en ese lugar. Cuando llegamos, después de anunciar al pueblo que regalaríamos sillas de ruedas a quienes las necesitaran... me di con una sorpresa. Francamente no estaba preparado para lo que vi ese día; fue uno de los más difíciles de mi vida. Vi como varios cientos de personas, muchas de ellas

«SI QUIERE VER CRECER SU IGLESIA, SOLO BUSQUE UNA PICAZÓN Y RÁSQUELA»

gateando o cargadas en carretillas por sus familiares, venían con la expectativa o la esperanza de recibir una silla. En ese momento mis ojos fueron abiertos al mundo de las personas con discapacidad; solo pude decir: «No tengo tantas», y pensé: *¡wow!, no lo sabía.* En la actualidad, nuestra iglesia entrega cientos de sillas cada mes.

Recibimos las sillas que repartimos gracias al apoyo de un amigo, y esta es su historia: Él es un ingeniero médico brillante. Un día, mientras viajaba por un país del tercer mundo, vio a una persona arrastrándose por las calles e hizo esta pregunta a su guía: «¿Por qué esa persona no tiene una silla de ruedas?», y el guía le dijo: «Es muy pobre y una silla cuesta al menos 500 dólares». Mi amigo, como buen ingeniero, miró la silla y calculó unos cincuenta dólares en piezas. Fue a su garaje y con una silla de plástico del jardín y ruedas de bicicleta montañera hizo una silla especial. Hoy día, su ministerio ha crecido, y su meta es regalar veinte millones de sillas en todo el mundo. Otro claro ejemplo de alguien que entró en el mar azul.

La Madre Teresa dijo: «Si atiendes a las personas que nadie quiere, Dios te dará la persona que todos quieren». El mar azul para nuestra iglesia es ir en pos de los más necesitados o rechazados de la sociedad.

Para explicar mejor lo que llamo «rascar la picazón», lo haré con otra historia. En una provincia pobre del norte del Perú había una mujer cuya hija nació con una espina bífida; debido a su pobreza, la madre tenía que cargar a la niña varios kilómetros para llevarla a sus controles médicos. Con los años la niña creció y llegó a ser igual de grande y pesada que la madre, pero igual esta la seguía cargando para llevarla a sus chequeos. Un día la madre cayó al suelo y se fracturó la pierna, impidiéndole caminar bien. Pero, si no continuaba haciéndolo, la niña podía morir por no llegar a su chequeo. Entonces, la madre siguió cargando a su hija con la pierna rota y un perno en su rodilla... cuando llegamos a ella, su pierna estaba sangrando y fuera de lugar. ¿Pueden ustedes imaginar la alegría que tuvo cuando le dimos a esta madre una silla de ruedas? Ya no tenía que cargar más a su hija, sino simplemente empujarla hacia sus chequeos...

A veces en la iglesia cristiana, sin darnos cuenta, estamos peleando en el mar rojo, pero afuera hay un mar azul, un mundo con mucha necesidad a donde podemos llevar la Palabra de Dios.

> LA MADRE TERESA DIJO: «SI ATIENDES A LAS PERSONAS QUE NADIE QUIERE, DIOS TE DARÁ LA PERSONA QUE TODOS QUIEREN»

CAPÍTULO 7
PAREDES BLANCAS, PAREDES NEGRAS

INICIATIVAS EN AZUL PARA ATRAER A LOS JÓVENES

Recuerdo el día en que mi hijo (miembro del staff de pastores de Camino de Vida) me consultó si podía pintar las paredes de la iglesia de un color más oscuro. En esos días la iglesia estaba pintada de blanco, pues como cristiano pensaba que todo debía ser blanco como el cielo; pero cuando supe los porqués del cambio, acepté y autoricé que los jóvenes pintasen las paredes de un color más oscuro.

¿Cuáles fueron las razones? Es sencillo, les explico: como ya dije antes, «la Palabra hace la obra», es decir, cuando uno enseña la Palabra de Dios, la Palabra funciona; la Biblia dice que «nunca volverá vacía», la Palabra puede cambiar vidas. A veces, como ya mencioné, cuando las personas llegan a la iglesia, su vida es un tremendo enredo, es lo que yo llamo un tallarín, un caos.

La Biblia dice que el enemigo siempre busca robar la Palabra y, para hacerlo, usa distracciones mientras la Palabra es enseñada. Cuando un pastor se prepara para su mensaje, siempre hay un punto de este que sabemos que es poderoso y puede ayudar a la gente, sentimos la presencia de Dios en ese momento, para nosotros ese es el «centro del mensaje». Y justamente cuando llegamos a este punto durante nuestra prédica, es que el enemigo manda una distracción en la iglesia. Por ejemplo, alguien decide ir al baño, y mientras se levanta para hacerlo, hay otros que en vez de escuchar la enseñanza se distraen mirando a la persona que va al baño, por lo cual la Palabra acaba de ser robada en la misma iglesia por esa distracción.

En ese instante, la persona que necesitaba escuchar el mensaje para cambiar su vida, se perjudica, porque la Palabra ha sido robada por alguien que va al baño, un bebé que llora o un teléfono que suena.

Entonces, ¿por qué las paredes oscuras? Yo le pregunto a usted: ¿alguna vez ha ido al cine? Mire el ambiente, es oscuro porque saben que con una pared más clara, si alguien sale al baño distrae a los demás que están viendo la película. En el cine están buscando que toda la atención sea dirigida a la pantalla, y cuando todo está oscuro las personas pueden pasar desapercibidas, ya que todos siguen mirando a la pantalla. Lo mismo sucede en la iglesia, cuando fijamos las luces y los reflectores hacia delante, dirigimos toda la atención a la plataforma donde la Palabra está siendo enseñada. Es que yo amo la Palabra, y sé que una palabra dada a una persona en el momento oportuno puede cambiar su vida para siempre, hasta puede definir su eternidad, si se trata de un llamado de salvación. ¡Cómo le gusta al enemigo —justo en estos momentos— robar la semilla generando distracciones! Si se trata de la salvación de una persona quiero evitar todo tipo de distracciones para no perder esta oportunidad. Por eso, si alguien pregunta por qué las paredes son oscuras o por qué las luces alumbran solamente a la plataforma; le contesto que es porque queremos que todos vean lo que pasa adelante y no lo que pasa entre el público.

EL CUADRO CHUECO

¿A qué me refiero cuando menciono el cuadro chueco en la pared? Cuando una familia llega a un nuevo lugar y la esposa le dice a su marido que coloque un cuadro en la pared, él lo hace. Pero luego ella se da cuenta de que algo está mal y le dice a su marido: «El cuadro está chueco», y el marido le contesta: «Ok, lo arreglaré mañana». Llega «el mañana» y no lo hace, y así todos los días, hasta que ya ni él ni ella se dan cuenta de que el cuadro está chueco. Pero cuando alguien va de visita a la casa, lo primero que dice es: «El cuadro está chueco». De tanto verlo todos los días así, ya ni se percatan de que algo está mal, pero la visita lo nota inmediatamente.

Pueden existir muchas cosas en nuestras iglesias como este «cuadro chueco». Habrá visto a las madres cuando su bebé está llorando, a veces no se dan cuenta, ellas siguen manteniendo su conversación como si nada pasara... A veces el bebé puede estar llorando en el servicio, y ella no se da cuenta, pero el que viene por primera vez sí lo nota.

Lo mismo ocurre cuando alguien se levanta para ir al baño durante el servicio, como tiene por costumbre hacerlo, los de la casa se mantienen enfocados en la plataforma; excepto el que viene por primera vez, que lo nota inmediatamente, es decir, ¡el cuadro está chueco! Si lo que queremos es que todo el enfoque esté en la plataforma, tenemos que arreglar los cuadros chuecos en nuestra iglesia. ¿Cómo ve la iglesia el que viene por primera vez? ¿Qué es lo que va a notar? ¿La música linda o los niños jugando? ¿El mensaje que puede cambiar vidas? ¿O personas distraídas conversando durante el mensaje? La Palabra hace la obra, y nuestra atención debe estar siempre enfocada en quitar las distracciones que pueden robarla.

AÚN HAY COSAS QUE SE RESISTEN A CAMBIAR DENTRO DE LA IGLESIA, PERO DEBERÍAMOS INTENTARLO

A muchas personas les chocó cuando pinté las paredes de la iglesia de un color más oscuro, hasta que les expliqué por qué lo hice. La Biblia dice que el único que no cambia es Dios, pero los métodos sí pueden cambiar.

Para muchos, la pared blanca en la iglesia es una tradición, pero se puede cambiar para vivir una mejor experiencia en la iglesia. Y si no es la pared, podría ser otro tema. Por ejemplo, recuerdo cuando la guitarra eléctrica o la batería no eran aceptadas dentro de la iglesia cristiana porque la batería venía supuestamente de ritos del África, o la guitarra eléctrica estaba vinculada con música mundana. Gracias a Dios que la iglesia ha avanzado y ahora podemos usar estos instrumentos para mejorar la experiencia cristiana dentro del templo. Aún hay cosas que se resisten a cambiar dentro de la iglesia, pero deberíamos intentarlo.

Hay una historia que se relata acerca de Bill Gates, el fundador de Microsoft. Bill Gates fue el creador de los microprocesadores conocidos como microchips. Al principio, Microsoft fabricaba y vendía los microchips que habían inventado, pues Bill Gates tenía el sueño de que cada hogar tuviera una computadora personal. Hasta que un día, los japoneses crearon un microchip más rápido, más pequeño y más barato que el de Microsoft, y Bill Gates dijo «esto no es posible», y se sintió obligado a hacer uno más pequeño y más rápido que su competencia. Entró así a navegar en el mar rojo.

Pero los japoneses otra vez hicieron uno más pequeño y más rápido, y Bill Gates hizo luego otro más pequeño y más rápido nuevamente. Llegó el día en que la competencia era tan grande, que, en una reunión de directorio, Bill Gates hizo una pregunta a la directiva: «Si en este momento nombraran a un nuevo presidente de la compañía, ¿qué cambios haría él para mejorar nuestra empresa?». Uno de los miembros del directorio le dijo: «Probablemente dejaría de fabricar microchips para no competir con Japón en esa área». Y Bill Gates afirmó: «Entonces, si un nuevo presidente de directorio dejaría de fabricar microchips, ¿por qué no salgo, vuelvo a entrar por la misma puerta y hago los cambios que haría un nuevo presidente?».

Terminaré con estas preguntas para los pastores: «Si un pastor nuevo llega a su iglesia hoy, ¿qué cambios haría? ¿Por qué no salen por la puerta y vuelven a entrar para hacer los cambios que son necesarios en su iglesia?».

¿POR QUÉ NO SALEN POR LA PUERTA Y VUELVEN A ENTRAR PARA HACER LOS CAMBIOS QUE SON NECESARIOS EN SU IGLESIA?

CAPÍTULO 8
LA SEGUNDA MILLA

VOLUNTARIOS, LOS FACILITADORES DE MILAGROS EN LA IGLESIA

Tengo un amigo que pastorea una iglesia preciosa, tiene un ministerio con mucha influencia y siempre está invitado a predicar en conferencias importantes; también ha escrito muchos libros que han sido una bendición en distintos lugares. Un día, en una conferencia, yo estaba sentado con este pastor en su iglesia, y él nos mostró a mí y a otros pastores, en un rápido recorrido, los diferentes ministerios en su iglesia. Lo que más nos llamó la atención de inmediato fueron los voluntarios que él tenía, en todo lugar de su iglesia había gente bien vestida y muy feliz sirviendo. En la cuna, estaban las señoras que todo el mundo quisiera tener en su iglesia; en el ministerio de niños había profesoras de ensueño trabajando con ellos; los voluntarios que daban la bienvenida en la puerta de la iglesia y en la playa de estacionamiento estaban con una permanente sonrisa en sus rostros. Uno podía preguntarle: «¿Dónde has conseguido tanta gente y tan buena?». Todos estaban alegres y felices, eran gente sana. En ese momento, un pastor, también amigo mío, le dijo: «Yo podría hacer lo que tú haces si tuviera la gente que tienes».

¿Alguna vez le ha pasado a usted que al visitar otra iglesia ha dicho: «Por qué mi gente no es así? ¿De dónde obtienen personas tan simpáticas?». Mi amigo miró al pastor que hizo la pregunta, y con mucha sabiduría dijo lo siguiente: «Son lindos, ¿no?» Y el pastor contestó: «Sí, son tremendos». Entonces mi amigo le dijo: «No eran así cuando llegaron». A él le tomó tiempo formar, entrenar y discipular a sus voluntarios.

A veces podemos sentir lo que se afirma en este viejo dicho: «La hierba siempre es más verde al otro lado de la cerca». Y pensamos: si tan solo pudiera pastorear esta iglesia o a estas personas… Pero déjeme decirle algo, la hierba no es más verde al otro lado de la cerca, la hierba es más verde cuando se riega.

Un día tuvimos una conferencia grande en Lima e invité a un conferencista muy conocido en América Latina. Durante la conferencia, mi corazón se llenó de amor por todos los voluntarios de nuestra iglesia que estaban sirviendo en distintos lugares. La conferencia fue un éxito porque había un ejército de voluntarios sirviendo con sonrisas, se respiraba amor en todo lugar; entonces mi corazón se llenó tanto de agradecimiento, que me paré delante de la multitud de pastores y líderes y dije lo siguiente: «Yo creo que tengo a la mejor gente de Lima en mi iglesia». Cuando dije esto, un pastor se ofendió conmigo, y se juntó con el conferencista para decirme que no debería haber dicho eso. Afirmaban que yo hacía sentir mal a los pastores que no tenían gente como yo; mi reacción fue de sorpresa porque no lo dije comparando mi iglesia con las demás, lo dije porque amo a la gente en mi iglesia. Mi pregunta es esta: ¿ama a la gente de su iglesia? Cada pastor debe sentir que tiene a la mejor gente del mundo; cada pastor debe hacer sentir apreciado y amado al pueblo que lo acompaña a cumplir la visión que Dios le ha dado. Y recuerde, si la gente no se siente apreciada o valorada, no se esforzará para dar lo mejor de sí.

¿Cómo hacer discípulos? Jesús usó a un grupo de hombres rudos e hizo algo con ellos. Él dijo: «Síganme [...] y los haré...» (Mateo 4.19, NVI). El proceso de entrenar y discipular a personas tiene el propósito de hacer de ellas algo valioso. Hoy día en el mundo hay personas dispuestas a pagar mucho dinero para que hagan algo de ellas, algunas incluso pagan para que las hagan mejores vendedoras, pagan universidades para que las hagan mejores profesionales. Hay quienes compran equipos de ejercicios para tratar de hacer su cuerpo más saludable. Mire lo que Jesús ofrece: «Síganme, yo los haré». Él puede convertir a personas que «no son», en algo valioso.

Hay un proceso de discipulado con cuatro pasos sencillos, que son: mírame, ayúdame, te ayudo, te miro. Si usted toma un tiempo para llevar a un grupo de hombres y mujeres a su lado y les dice: «Mírenme como lo hago, y luego ayúdenme a hacerlo así, después ustedes hacen, yo les ayudo, y al final, ya saben hacerlo, ¡sigan haciéndolo!», tenga por seguro que podrá hacer un equipo de voluntarios que realizan la obra del ministerio siendo pescadores de hombres, ganando más hombres por Cristo.

LOS VOLUNTARIOS

Un voluntario no es una fuerza laboral gratuita, es un «facilitador de milagros» en la iglesia. Cuando una persona se da cuenta de que cambiar pañales sucios en las cunas puede permitirle a una madre que su vida sea transformada por la Palabra de Dios, ya no es simplemente un cambiador de pañales, se convierte en un facilitador de milagros. Cuando un hombre se da cuenta de que no está solo cuidando y ayudando a estacionar los autos de los que visitan la iglesia y que es más que un hombre de seguridad, es un facilitador de milagros, porque la familia que acaba de entrar en la iglesia ya no tiene que preocuparse si, al regresar, su radio o algo de su auto hayan sido robados, ahora se puede enfocar en el mensaje que puede cambiar su vida. Quizá esta familia experimente un milagro, una sanidad o una restauración; entonces no es solo un hombre de seguridad, es un facilitador de milagros.

La persona que sonríe en la puerta con tanta alegría no está simplemente dando la bienvenida, de repente esa sonrisa fue justo lo que necesitaba esa madre que estaba deprimida y necesitaba saber que alguien la amaba. Entonces, las buenas iglesias están construidas sobre muchas personas que han encontrado su área de servicio a Dios. Quizás su llamado no es ser uno de los líderes visibles de la iglesia, sino un facilitador de milagros en la puerta o con los niños en la escuela dominical.

La verdad es esta: cada persona en el mundo quiere ser parte de un equipo de ensueño, y cada pastor desea tener un equipo de ensueño. ¿Qué es un equipo de ensueño? Es un equipo ganador, un equipo especial. ¿Cómo podemos desarrollar un equipo así? ¿Cuáles son las cualidades de un equipo extraordinario? Yo no sé usted, pero yo no quiero ser parte de una iglesia común, yo quiero ser parte de una iglesia extraordinaria. No quiero un matrimonio

> UN VOLUNTARIO NO ES UNA FUERZA LABORAL GRATUITA, ES UN «FACILITADOR DE MILAGROS» EN LA IGLESIA

común, quiero un matrimonio extraordinario; no deseo vivir una vida mediocre, yo deseo y todos desean vivir una vida extraordinaria. ¿Cuál es la diferencia entre una vida ordinaria y una vida extraordinaria, o entre un matrimonio ordinario y un matrimonio extraordinario? La diferencia se encuentra en la palabra «extra». Si toma una vida ordinaria y hace algo extra, la convierte en extraordinaria; si tiene un matrimonio ordinario y hace algo extra, lo convierte en extraordinario. Lo mismo con la iglesia, si una iglesia ordinaria hace un esfuerzo extra, se convierte en una iglesia extraordinaria. Hay una sola vida para vivir, ¿por qué quiero vivirla de una manera ordinaria?

LA SEGUNDA MILLA

Tengo un dicho: «Excelencia son detalles y los detalles son almas». ¿Por qué quiere una vida común? Debemos ser enemigos de lo común, cuando podemos vivir una vida en excelencia; si esta excelencia existe en su iglesia, su iglesia será como un imán que atrae a personas excelentes y a nuevas almas. La iglesia, por sobre cualquier otro lugar, debe ser un sitio donde nos damos por completo a Dios; las personas deben quedar asombradas cuando entran a la iglesia y ven su nivel de excelencia.

Existe un lugar donde pocos van, los equipos de sueños lo conocen, pero equipos mediocres nunca lo han experimentado. Es un lugar donde todos pueden vivir pero al que pocos logran llegar; este lugar se llama «la segunda milla». Es un lugar donde salimos de lo común y corriente hacia algo extraordinario. La historia de por qué se denomina la segunda milla está en el libro de Mateo (la abordaré más adelante).

Las grandes iglesias se construyen en la segunda milla, y la mejor parte de su existencia se encuentra ahí. ¿Por qué no todas pueden ir por la segunda milla?

Hay muchas cosas que tal vez funcionaron en la iglesia hace treinta años, pero hoy en día ya no. El problema es que hemos aprendido muchas cosas en nuestra vida, y la mayoría de ellas las hemos aprendido en la misma iglesia. Pero es tiempo de dejar atrás algunas de estas creencias y aprender otras nuevas.

Recuerde la enseñanza de Jesucristo cuando dijo: «Ustedes han escuchado a los escribas y los fariseos decirlo de esta manera, pero yo les estoy diciendo que tienen que pensar de otra manera». Con esto quiero decir que mucho de lo que se hace o intenta hacer a favor de la iglesia es cambiar. Hay un principio en esto:

- Aprenda
- Olvide
- Vuelva a aprender

Si vamos a realizar cambios en la iglesia, estos comienzan con nosotros mismos. ¿Está usted dispuesto a cambiar para mejorar la iglesia?

Aprenda a reflexionar, la reflexión nos ayuda a olvidar cosas; olvidar es más difícil que aprender, puesto que todos tenemos hábitos y costumbres arraiga-das; aprender nuevos hábitos para comenzar algo nuevo es más difícil. Por tanto, el principio es que aprendamos y estemos dispuestos a olvidar, para luego volver a aprender algo nuevo.

ES POSIBLE QUE NOSOTROS OBTENGAMOS LA PROMESA, PERO QUE NUESTROS HIJOS Y NIETOS SE PIERDAN EN EL MUNDO PORQUE LA IGLESIA NO ESTÁ DISPUESTA A CAMBIAR

Ahora, ¿cómo hacemos reflexión? Es bueno que uno aprenda a hacer las preguntas correctas. Un buen líder siempre pregunta «por qué», un seguidor pregunta «cómo»; entonces, si queremos hacer cambios, la pregunta de mayor importancia es: «¿Por qué lo hacemos?».

Cuando dicen: «Lo hacemos así porque así lo hemos hecho siempre», debemos preguntar: «¿Y por qué siempre lo han hecho así?». Si no se entiende el porqué, nunca se va a poder entender el cómo.

Muchas veces preguntamos a alguien: «¿Por qué hiciste esto o por qué hiciste lo otro?». Sin embargo, nuestra filosofía es: cualquiera puede cometer un error en la vida, pero si usted quiere ser un buen líder, ¡no siga cometiendo el mismo error! Si no quiere seguir cometiendo el mismo error en la iglesia, vale la pena reflexionar y preguntar: «¿Por qué?».

Recuerde que los líderes son el ejemplo y no la excepción. Lo que ocurre en otras iglesias es que el pastor es la excepción y no el ejemplo. ¿Es usted un siervo o una celebridad? Podemos edificar una iglesia cuando hay líderes siervos. ¿Qué quiero decir cuando hablo de líderes siervos o líderes célebres? Veamos: ¿está su nombre en todas partes? ¿Está su nombre al frente de su ministerio?

A menudo el liderazgo que vemos en la iglesia es el reflejo del liderazgo que existe en el país. En muchos países de Latinoamérica, la mayoría de los líderes políticos han sido dictadores; por lo cual, muchos de los pastores siguen este modelo de liderazgo y se convierten en pequeños dictadores o celebridades en la iglesia, y este no es el tipo de liderazgo que reflejó Jesús. El mayor entre todos, dice Jesús, es el que sirve.

En Mateo 5, vemos que Jesús dijo: «Han oído decir, pero yo os digo...». Cada vez que usted escuche la frase «han oído decir», se refiere a «tradición». Y cuando escuche «pero yo os digo», Jesús habla de «algo nuevo». Muchas veces hemos oído algo, pero Dios quiere que alcancemos un nivel más alto; esto se llama la ley de aprendizaje, porque la mayoría de las veces que hemos aprendido algo por primera vez, se requiere un mayor esfuerzo volver a aprender para hacerlo mejor. «Ustedes han oído, pero yo les digo», cuántas cosas hacemos, pero Jesús nos quiere mostrar un estándar más alto, nuevo; cuando Él dice: «Yo les digo», está introduciendo un nuevo estándar de vida. Lo que Jesús estableció en Mateo 5 es que cuando alguien le pida a usted que vaya por una milla, ofrezca ir por dos.

En esta historia, Jesús refiere algo muy común en Israel. Recuerde que Israel fue un territorio ocupado por Roma, una milla son mil pasos de un soldado romano, y la ley romana decía que cuando un soldado estaba en marcha podía obligar a cualquier ciudadano a llevar su carga por una milla (mil pasos). Al final de la milla, la persona que estaba llevando su carga estaba libre, había cumplido la ley y podía volver a su trabajo; el soldado ahora tenía que llevar su carga o encontrar a otra persona que cargara otra milla por él. Jesús dijo: «Si quieres vivir una vida extraordinaria, hay una nueva medida»; y la nueva medida es «estar dispuestos para ir a otro nivel», es una medida diferente: salga de lo común y corriente y entre a lo extraordinario. Imagine la sorpresa de un soldado cuando se acaba la orden y escucha: «Señor, ¿puedo llevar su carga una milla más?». Las sorpresas siempre se encuentran en la segunda milla.

Pastor, recuerde esto: no puede pedir a las personas que vayan por otra milla si usted no está dispuesto a ir a la otra milla también. Jesús es el perfecto ejemplo de este principio, pues fue de la vida ordinaria a la vida extraordinaria el día en que lo llevaron a la corte de Pilato; el día que caminó por la vida dolorosa; el día que fue clavado a una cruz luego de ser golpeado y latigueado. Él caminó la milla extra por nosotros.

La crucifixión es un ejemplo de la diferencia entre la primera y la segunda milla, lo extraordinario siempre se descubre en la segunda milla. Muchos viven vidas ordinarias, matrimonios ordinarios, amistades ordinarias, viven en iglesias ordinarias; pero si usted quiere tener un equipo extraordinario, un negocio extraordinario, un matrimonio extraordinario y una iglesia extraordinaria, salga de la primera milla y entre en la segunda. Salga de lo común y corriente, y haga algo extra. ¿Cuál es la diferencia entre lo ordinario y lo extraordinario? Si hace lo ordinario, y espera conseguir resultados extraordinarios, espere sentado; si quiere resultados extraordinarios, agregue el extra: camine la segunda milla.

¿Cómo se ve la segunda milla en la iglesia o en la vida? Presento aquí algunos puntos sobre la segunda milla:

1. En la segunda milla no hay tráfico. Habrá mucho tráfico en la primera milla, pero no hay congestión en la segunda. Seguramente ha oído decir: «La mayoría de la gente vive allí». Todos hacen esto, todos dicen esto, pero hay que alejarse un poco del resto, separarse de lo ordinario e ir a lo extraordinario. No hay muchas personas en la segunda milla, no hay muchas iglesias en la segunda milla, no hay muchos negocios en la segunda milla. Si usted quiere sobresalir en la vida, o si va a sobresalir de la multitud, sobresalga en su trabajo, haga algo extra.

Yo vivo en el Perú, donde el tráfico es impresionante. Se dice que el Perú tiene dos de las siete maravillas del mundo: una es la ciudadela de Machu Picchu, es impresionante ver esta maravilla; pero la otra maravilla que tiene el Perú es el tráfico y los choferes, también es impresionante ver los enredos y el caos del tráfico de Lima. Camino a mi casa, recorro una carretera que se llama la Panamericana, a veces tengo que tomar un taxi de mi oficina a mi casa, y existe un peaje que cuesta cuatro nuevos soles, que es como un dólar americano y medio; me resulta curioso ver cuántos taxistas toman un camino alterno que tarda quince minutos más para llegar a mi destino. Todo el mundo busca evitar el peaje, todo el mundo está en la primera milla, pero hay un precio por la segunda. Cuántas veces yo digo: «Pero, señor taxista, yo pago el peaje, vamos por la segunda milla, porque no hay tráfico allí. La vida es siempre descongestionada en la segunda milla. La segunda milla siempre va a costar más, a veces aumenta el esfuerzo, requiere más tiempo, pero el retorno siempre es mayor. Llegará más rápido a donde quiere ir, y en la segunda milla va a ver la vida de otra manera. Cuando uno está estancado en el tráfico, lo que más ve es la parte de atrás del camión que va delante, o el auto al costado, pero no puede ver el horizonte libremente, solo ve el congestionamiento. Cuando llega a la segunda milla, puede ver el paisaje, las colinas, el mar, el cielo y la belleza alrededor, porque ve con mayor claridad.

Yo descubrí que las personas dispuestas a pagar el precio extra para estar en la segunda milla son las que tienen mayor claridad acerca de qué quieren hacer en sus vidas. El precio extra pueden ser los cursos en la universidad que usted tomó y que otros no estaban dispuestos a tomar, o la inversión de sus ahorros en un negocio que otros no están dispuestos a hacer; a diferencia de personas que siguen haciendo lo mismo que todo el mundo hace, siguen al camión o al taxista por toda la vida. Cuando uno encuentra la segunda milla no solo puede ir más rápido y ver así las cosas con mayor claridad, sino que no pelea con el chofer que va a su lado. ¿Dónde encuentra personas negativas o críticas? En el tráfico de la vida. No va a encontrar personas negativas o críticas en la segunda milla, lo que va a encontrar son personas que desean vivir una vida extraordinaria. En la primera milla la gente solo hace lo que le dicen que hay que hacer; en la segunda milla encontramos personas que entienden por qué lo hacen. En la segunda milla no hay tráfico, si usted sale de la multitud va a alcanzar lo que está en su corazón, puede llegar donde quiera más rápido; siempre habrá multitudes en la primera milla.

2. La segunda milla es inesperada. La primera milla es esperada, la segunda milla no lo es. En los tiempos de Jesús todo el mundo sabía de la primera milla, todo el mundo esperaba lo que todos ya sabían, en cualquier momento les podría suceder. Pero Jesús dijo: vayan a la segunda milla. Y era lo inesperado. Pueden imaginar, una vez más, el asombro de este soldado cuando alguien termina de llevar su carga y le dice: «Le voy a llevar una milla más». Completamente inesperado. La diferencia de la primera y la segunda milla se encuentra cuando usted comienza a hacer cosas inesperadas, esto es lo que marca la diferencia entre lo ordinario y lo extraordinario. Cuando las personas entran a su iglesia, ¿lo que ven es lo que esperan o lo que no esperan? ¿Ellos ven algo que sobresalga del resto?

Pongo un ejemplo: cuando se queda en un hotel y llega cansado a su cuarto, siempre espera encontrar una cama, un baño, quizá una silla o una mesa; usted no les dice a sus amigos: «Ese hotel es increíble porque tiene una cama y un baño», ¿verdad? Porque es lo que esperaba. Pero si en ese mismo hotel, cuando llega a la recepción recuerdan su nombre, y en su habitación el gerente dejó unas frutas con una nota diciendo: «¡Bienvenido!», si le dan detalles extras y son amables, usted saldrá diciendo: «¡Qué increíble fue esta experiencia!», entonces ese hotel sale de lo ordinario, no era lo que esperaba.

Lo mismo sucede en nuestra iglesia en el momento en que comenzamos a pensar en cómo ser creativos, qué podemos hacer que sorprenda a la gente, ¿qué es lo inesperado? Por ejemplo, si está lloviendo afuera, ver a alguien con un paraguas para que la gente no se moje; o cuando alguien con hijos llega por primera vez a la iglesia, haya personas capacitadas que los reconozcan, que los busquen para darles la bienvenida y los lleven donde están todos los niños. Son las cosas extras las que logran que al salir de la iglesia la gente diga: «Esta iglesia fue increíble, me trataron especial, no lo esperaba». Son detalles que marcan la diferencia entre la primera y la segunda milla. Muchas veces, cuando uno visita una iglesia, el primer comentario no es sobre el mensaje del pastor o la música; muchas veces el primer comentario es acerca de los voluntarios que los reciben desde el estacionamiento y los guían hasta la puerta de la iglesia. La verdad es esta: una persona que visita la iglesia espera música y un buen mensaje, y hasta espera una buena experiencia, pero cuando ve lo inesperado todo cambia. Mientras más creativa sea su iglesia para mostrar algo inesperado, más efectiva será su llegada a la comunidad.

3. Nadie le va pedir ir a la segunda milla. Jesús dijo que si alguien le pide ir por una milla, fueras dos; él no dice: «Ve por otra milla, si te lo piden». Él también dijo: «Si alguien te lleva al tribunal y te pide la camisa, dale tu abrigo» (Mateo 5.40, paráfrasis). No lo haga porque se lo están pidiendo, hágalo de todas maneras sin que se lo pidan. La diferencia entre la primera y la segunda es que le pueden pedir la primera, pero la segunda no se la van a pedir. En la primera milla pueden hasta demandar, pero en la segunda milla usted tiene libertad de ofrecer. A los que trabajan en mi equipo les puedo pedir la primera milla, pero no puedo forzar a nadie a ir por la segunda; yo puedo pedir que lleguen a tiempo a trabajar, y ellos cumplen, por lo cual reciben un salario, esta es la primera milla, ellos saben que les devuelvo algo por lo que hacen, y lo esperan; pero las personas que viven en la segunda milla están allí porque eligen estar allí, es una vida sin complicaciones, nadie es ofendido fácilmente. Uno puede estar ofendido con el soldado que le pidió la primera milla, pero el que hace la segunda no puede estar ofendido porque se ofreció voluntariamente.

La segunda milla es cuando somos libres en el espíritu, es un espíritu generoso y grande. La segunda milla no es algo familiar. Transcurre en una vida sin complicaciones, mientras que la vida congestionada y complicada está en la primera milla; la vida sin complicaciones es mucho más agradable, más interesante y menos estresante.

Podrá ver cómo su equipo y la iglesia cambian con las personas que están dispuestas a andar en la segunda a milla.

4. La segunda milla no es complicada. La primera milla es bien complicada, la segunda no lo es. Jesús dijo: «Han oído que se dijo:

"Ojo por ojo, diente por diente"» (Mateo 5.38, NVI). Esta es la primera milla y es complicada, es la ley: si alguien me saca un ojo, yo podría sacarle también su ojo; si alguien me quita un diente, yo podría quitar su diente. La ley siempre es complicada, si alguien lo golpea en la boca y le saca un diente, usted ahora tiene que golpearle en la boca a él, pero si lo golpea bien y le saca dos dientes, ahora él le puede sacar uno más, y si le saca tres, ¡ay!, se complica la vida; por esto creo que hay muchas iglesias donde nadie tiene dientes.

Jesús dijo que no tiene que vivir una vida tan complicada. La vida sin complicaciones es dar la otra mejilla. En la primera milla siempre viven personas complicadas, ofendidas por todo, hacen las cosas según la ley —tú me haces esto, yo te hago aquello—, ellos saben que van a devolverles por lo que hicieron; pero en la segunda milla no hay una agenda, no hay complicaciones, es simple en el corazón, no hay ofensa. ¿Cuánta gente deja de asistir a la iglesia por las ofensas? Pero los de la segunda milla no dejan que las ofensas crezcan o echen raíz en su corazón, les dan una vuelta y no hacen problemas mayores de cosas que ni siquiera deben ser problemas; viven con un espíritu libre, con un espíritu generoso y grande.

5. La segunda milla no es pensada. En la primera milla se piensa, en la segunda milla no se piensa. Había un manual escrito para la primera milla, pero no hay un manual escrito para la segunda milla, no se ha pensado. Uno escribe su propio manual de la vida. Cuando uno asume un trabajo, existe un manual de lo que se espera y solo puede hacer lo que se espera. Pero la segunda milla no es pensada, usted mismo la crea, usted mismo escribe el manual cada día, y esto es lo que lo lleva a un nivel más alto de vida.

6. La segunda milla no es común. No es común ver personas que viven en la segunda milla, y la verdad es esta: Dios quiere que su pueblo no sea gente común en este mundo; por esto, nos enseñó a vivir en su gloria, porque Él quiere gente extraordinaria.

7. La primera milla es anunciada, la segunda no lo es. Cualquiera puede decir: «Llegué a tiempo al trabajo, hice las cosas que tengo que hacer, llegó la hora y me voy». La segunda milla no es anunciada; Jesús nos enseñó que no debemos pararnos en las esquinas y decir al mundo entero las buenas obras que hacemos; Él dijo:

«Hazlo en secreto y tu Padre que está en el cielo te va a recompensar en público» (Mateo 6.4, parafrasis)

8. Desde el momento en que alguien anuncia: «Yo soy hombre de la segunda milla», «mírame, estoy en la segunda milla», la verdad es que acaba de regresar a la primera milla porque la segunda milla nunca es anunciada, simplemente se hace sabiendo que Dios lo ve, y eso es todo lo que realmente importa.

9. La segunda milla es poco razonable. Jesús dijo: «Sean ustedes perfectos como su Padre celestial es perfecto» (Mateo 5.48, NBLH). Esto parece no ser muy razonable. ¿Cómo puedo ser yo perfecto? Lo que nos está enseñando Jesús es esto: en la etapa donde estemos, en el desarrollo donde estemos, seamos perfectos; la primera milla es razonable, pero la segunda no lo es. La única manera de alcanzar lo que Jesús nos pide es cuando vivimos en su gracia, confiando en Él y en su poder. Los hacedores de la historia no fueron personas solo razonables, sino fueron personas que hicieron cosas no razonables; hicieron más de lo esperado, ellos escribieron la historia. Todos podemos ser hacedores de la historia al salir de la primera milla y entrar en la segunda milla, salir de la vida ordinaria y entrar a una vida extraordinaria.

CAPÍTULO 9
LOS SERVICIOS (CULTOS)

PREPARANDO FINES DE SEMANA EXCEPCIONALES

Parte de hacer a la iglesia más atractiva y relevante es cómo lograr que los servicios sean cada vez mejores. Tratamos de cuidar y planear cada detalle para que la gente que llega a la iglesia tenga la mejor experiencia de toda su semana en una hora de servicio. En Camino de Vida tenemos un promedio de dieciséis servicios diferentes entre el sábado y el domingo. Tratamos que cada uno de ellos esté lo mejor producido posible, y cada detalle tiene un propósito específico.

Como he dicho antes, yo creo que «la Palabra hace la obra», y es la que opera cambios en la vida de las personas. Pero además de la importancia de la Palabra, he aprendido que hay muchas otras áreas y detalles que pueden complementar mi mensaje y que facilitan que este llegue al corazón de la gente. Es necesario afinar estos detalles cada semana. Así como invierto tiempo en mi mensaje cada semana, en Camino de Vida invertimos tiempo en la preparación de diferentes áreas que son necesarias para tener una iglesia relevante, y que las personas tengan un fin de semana excepcional. Esto se logra a través de los diferentes equipos o ministerios que tienen en su corazón apoyar la visión de la casa y encargarse de aspectos como el área técnica: producción, artes escénicas, atmósfera, cámaras, diseño gráfico, diseño web, fotografía, grabaciones, luces, medios, radio, sonido y video.

Dentro del auditorio están los ujieres (a quienes nosotros llamamos «representantes» o simplemente «reps»), alabanzas y traducción (para que los visitantes que no hablan español entiendan el mensaje).

Fuera del auditorio, están la cuna, «kids» (nuestra escuela dominical), informes, eventos, conexión (discipulado), seguridad y cualquier mínimo detalle que pueda ser cubierto.

En nuestra iglesia llegó un momento en el que los servicios de la sede principal estaban llenos, ya no cabía más gente. Nos dimos cuenta de que no podíamos seguir administrando la iglesia como cuando era pequeña, ya habíamos crecido. Tuvimos que cambiar varias cosas, entre las cuales estaba el añadir más servicios y nuevas sedes para alcanzar a más personas.

En tiempos pasados era normal que nuestros servicios duraran dos horas o más, y el periodo para la ofrenda podría durar de diez a veinte minutos; publicábamos el inicio del servicio, pero pensábamos que no era espiritual publicar el final, por lo cual nunca sabíamos cómo iba a terminar o cuál sería su desarrollo.

Nos dimos cuenta de que era tiempo de formar un equipo de personas que se encargaran de los detalles dentro del servicio. Por ejemplo, el mensaje de la ofrenda. La costumbre era que el mismo domingo en la mañana, antes del servicio, el pastor decía a uno de sus líderes: «Usted dará los anuncios y otra persona el mensaje de la ofrenda». En este momento la persona que tenía que dar el mensaje de la ofrenda comenzaba a hojear su Biblia buscando un pasaje y un buen pensamiento para motivar a las personas en este servicio.

Recuerdo que un amigo mío dijo: «Si alguien sube para hablar diez o quince minutos sin preparación, se está insultando la inteligencia de las personas que lo escuchan». Por eso era común que en el tiempo de los anuncios y las ofrendas las personas sentadas en la congregación tomaran unas vacaciones en su mente, conversando o pensando en otra cosa y no en el que estaba hablando. Entonces nos dimos cuenta de que un mensaje bien preparado de dos o tres minutos no solo mantiene la atención de las personas congregadas, sino que honra el tiempo de ellas, y encontramos que es más eficaz.

Pastor, usted ya tiene en su congregación el equipo que puede ayudarle a desarrollar su servicio de fin de semana, y hacer de este un tiempo excepcional; usted ya tiene un equipo creativo que puede trabajar en detalles como la escenografía, las luces, el sonido, la gráfica, los videos, la publicidad, la página web y la decoración de la iglesia. Este equipo está formado por los jóvenes, si usted les da la oportunidad se va a sorprender de las ideas que tienen para embellecer la iglesia y para que el mensaje llegue con más eficacia.

Este cambio llegó a nuestra iglesia cuando mi hijo Taylor regresó de la universidad y comenzó a trabajar en un equipo creativo dentro de nuestra iglesia; los cambios no fueron de la noche a la mañana, nos tomó tiempo, algunos años, formar un equipo. Al principio lo único establecido era el equipo de alabanza que hasta ese momento había desarrollado la labor creativa dentro de la iglesia. Al comienzo llegaron unas tres o cuatro personas que se involucraron más en los videos y en los anuncios, y comenzaron a ayudarnos a trabajar en un programa equilibrado para el servicio del domingo.

Así que este equipo empezó a estudiar cada detalle dentro del servicio, ellos hacían una especie de auditoría de cada cosa que había pasado el domingo analizando cada detalle, qué había funcionado y qué no; luego se sentaban conmigo a conversar sobre lo que había pasado dentro del servicio y proponer posibles cambios o ajustes. Así es como llegamos a producir cada servicio, cada detalle planeado con un objetivo claro.

> TRATAMOS DE CUIDAR Y PLANEAR CADA DETALLE PARA QUE LA GENTE QUE LLEGA A LA IGLESIA TENGA LA MEJOR EXPERIENCIA DE TODA SU SEMANA EN UNA HORA DE SERVICIO

Cuando digo que usted ya tiene dentro de su iglesia al equipo que le puede ayudar, me hace recordar que en Lucas, capítulo 15, hay un ejemplo que usamos mucho en nuestra congregación.

Lucas 15 habla de tres cosas perdidas: una oveja perdida, una moneda perdida y un hijo perdido. En el primer caso, el pastor va detrás de las ovejas perdidas. ¿Por qué? Porque una oveja no se da cuenta de que está perdida y en peligro, quizás simplemente se va desviando del rebaño mientras está comiendo con la cabeza baja, y cuando pasa esto, el pastor va detrás de ella. En cuanto al hijo perdido, es interesante observar que el padre no va detrás del hijo pródigo, el padre espera con paciencia en casa a que regrese su hijo, ¿por qué?, ¿cuál es la diferencia? La oveja no sabía que estaba perdida, pero el hijo sí; la oveja no sabía cómo regresar a casa, pero el hijo sabía el camino de regreso a la casa de su padre. Busquemos a las ovejas y esperemos con oración a los hijos perdidos. Pero está el caso de la moneda perdida. Mientras que la oveja estaba perdida fuera del rebaño y el hijo fuera de la casa, la moneda estaba perdida en la casa, y la dueña de la moneda rebuscó toda la casa hasta encontrarla.

Pastor, en su congregación hay monedas perdidas. Una moneda tiene valor cuando la encuentra y la puede usar, y como pastor debemos buscar dentro de la congregación para hallar a los talentos allí escondidos. Veamos que cuando la mujer encontró la moneda hubo gran regocijo, y cuando nosotros encontramos las monedas perdidas dentro de la iglesia también habrá un gran regocijo. Usted ya tiene su equipo en la congregación, solo tiene que buscarlo.

EL EQUIPO CREATIVO SIRVE A LA VISIÓN DE SU PASTOR

Ahora, cuando busque a su equipo creativo, debe buscar entre los que tienen el corazón de servir a Dios y la visión de su pastor, esto es algo que deben entender desde el inicio, hay una sola visión en la iglesia: los músicos, creativos y voluntarios están allí para servir esta visión; no están para imponer los cambios, sino para sugerirlos, y a través de estos cambios lograr que el mensaje sea más efectivo. Si hay un tema especial del mensaje que queremos enfocar dentro de la iglesia, estos equipos trabajan dentro del servicio hasta en temas de publicidad, gráficos y videos, y en el diseño de un escenario, para hacer el mensaje más efectivo. Cuando se trata de hacer cambios, cada miembro del equipo trabaja unido para servir a la visión de la casa, y con el único objetivo de que la gente disfrute el mejor servicio de fin de semana posible.

CAMBIOS

Uno de los cambios que hicimos en la iglesia fue trabajar en base a un programa detallado de cada parte del servicio. Como dije, analizábamos cada parte de lo que se hacía en el servicio para que todo el enfoque estuviera en la Palabra de Dios esa semana. Un simple programa de computadora, por ejemplo Excel, con un lenguaje muy sencillo, fácil de entender por todos, trajo orden, y permitió que todos se sintieran más tranquilos al saber el desarrollo del servicio, lo que cada equipo debía hacer y cuál era su participación para mejorar la experiencia del servicio del fin de semana.

Uno de los cambios que decidimos hacer, y que mencioné, fue oscurecer las paredes de la iglesia, lo hicimos para poner un enfoque mayor de lo que sucede en la plataforma y no en la congregación; la idea es quitar toda distracción del tiempo de alabanza para que la experiencia sea mayor y el enfoque esté sobre la Palabra de Dios. Los que se resistían a este cambio, con el tiempo, y al ver los buenos resultados, comenzaron a entenderlo y valorarlo.

> NO ESTÁN PARA IMPONER LOS CAMBIOS, SINO PARA SUGERIRLOS, Y A TRAVÉS DE ESTOS CAMBIOS LOGRAR QUE EL MENSAJE SEA MÁS EFECTIVO

Cuando cambiamos nuestros anuncios a un video editado, en vez de una persona hablando en vivo, logramos aprovechar mejor los tiempos y, además, con los videos pudimos ser más informativos, directos y hasta más dinámicos.

La preparación es la evidencia de que usted cree que algo bueno viene. Por esto, la preparación en cada servicio hace que fluya con más libertad el Espíritu Santo, y no con menos. Un ejemplo, si hay un buen músico que se ha preparado y ha ensayado, le es más fácil, por ser un buen músico, fluir en algo espontáneo según el movimiento de Dios, a diferencia del que solo sabe tocar una canción y no puede variar una sola nota de ella; esto es cierto con la música y también lo es con todas las otras áreas creativas en la iglesia. Mayor preparación es igual a mayor experiencia, y un fluir más rápido en el poder del Espíritu Santo. Por esto, ensayamos cada servicio, y cada detalle lo planeamos durante la semana. Estos ensayos del programa son para eliminar posibles distracciones dentro del servicio; durante este ensayo ponemos especial atención en las transiciones para no dejar ningún vacío que distraiga y desconecte a las personas de lo que hay en el servicio.

TRANSICIONES

Esto es algo que pasaba por alto en años anteriores, pero hoy es algo muy importante dentro del servicio, porque las transiciones son las que conectan los elementos para no dejar espacios muertos dentro del programa.

Las transiciones son los momentos en los que pasamos de las alabanzas a los anuncios, de los anuncios a la ofrenda, de la ofrenda al mensaje. Estas son transiciones. Miren cómo lo hacen los programas de televisión, una transición en televisión es fluida y mantiene la atención. Un programa de televisión puede decir más en veintiocho minutos que muchas iglesias en dos horas; los jóvenes de hoy están acostumbrados a los veintiocho minutos y se pueden aburrir con las dos horas. ¿Acaso son menos espirituales por no tolerar dos horas? ¡No!, la respuesta está en nuestro mensaje, podemos mejorar nuestro mensaje con el mismo empeño que lo hace un programa de televisión en cada servicio. No dejemos que haya ningún vacío en el que las personas se puedan desconectar de lo que pasará en la plataforma. Una pequeña distracción puede costarle la eternidad a una persona.

Hacer un ensayo antes del servicio es clave para tener transiciones exitosas. Esto involucra a todos los que participan en el escenario. Los de alabanza, los que son anfitriones que hacen la bienvenida, los anuncios o el tiempo de ofrenda, y todo el equipo técnico que trabaja «detrás de escena».

Para lograr que el servicio del fin de semana sea excepcional, los músicos oran por las canciones que van a tocar y ensayan antes del servicio, los que suben para dar la bienvenida o recibir la ofrenda también se preparan durante la semana con un pensamiento corto y al punto, mientras que el pastor prepara un mensaje para que todo el servicio sea dinámico y termine dentro de una hora.

Un día de la semana se reúnen los equipos involucrados para planear el servicio del fin de semana, ahí repasan todo analizando el fin de semana anterior y preparando lo que viene. Marcan el tiempo del video y cómo termina para unirlo con la nota de la primera canción, cómo serían las luces en las canciones rápidas y las lentas, qué saldría en pantalla, por dónde baja y sube el anfitrión y los micros a utilizar, la música de fondo para cuando hago el llamado al altar, y todo esto lo repiten vez tras vez hasta que tenga fluidez. Muy pronto esa pequeña hoja de programa se volvió muy importante para todos los que tenían alguna responsabilidad dentro del servicio y nadie quería empezar sin haber revisado el programa.

Ya no lo vemos como segmentos separados dentro de un servicio sino como las transiciones hacia algo.

Fuimos más allá en cada detalle, ensayando y cuidando las expresiones del equipo de alabanza cuando cantaban, también con los anfitriones y su timbre de voz cuando entraban en una canción lenta o en una rápida.

Un micro apagado, luces muy brillantes en un tiempo de intimidad o un cable que suena pueden robar la atención de una persona dentro del servicio y su conexión con Dios. No queremos que nada robe el momento en que una persona puede cambiar su vida. Incluso uno de los últimos cambios que tuvimos que hacer fue pedir que cerraran las puertas del auditorio para evitar distracciones de la gente, queremos guardar con celo la palabra que está siendo compartida. Los que no pueden entrar por haber llegado un poco tarde, tienen la oportunidad de entrar al siguiente servicio que iniciará en los próximos minutos; mientras ese tiempo pasa, en el ambiente anterior al auditorio siempre hay algo atractivo sucediendo.

El tener un programa provoca que se hagan las cosas con un objetivo bien marcado y con excelencia, donde cada área se especializa en los detalles y todo con el fin de eliminar cualquier distracción, dejando todo preparado con una plataforma increíble para poder dar el mejor mensaje cada semana, poniendo toda la atención en los detalles con la finalidad de que la Palabra de Dios pueda bendecir a la gente. Este es nuestro enfoque principal.

De ahí viene esta pregunta:

¿CUÁL ES EL OBJETIVO PRINCIPAL DEL SERVICIO?

El objetivo no es tener un show de luces increíble o los mejores videos cada semana, tampoco tener un programa recargado. El objetivo no es que la gente tenga algo nuevo que ver cada fin de semana, sino que el enfoque mayor sea el mensaje de la Palabra de Dios. La Palabra es la que hace la obra. Entonces, nuestro objetivo principal es, con cada detalle, comunicar el mensaje más claramente.

Usando las canciones, los videos, incluso lo que decimos y cómo lo decimos, tratamos de que cada aporte sea para aprovechar al máximo esos minutos que el pastor tiene para entregar el mensaje de la Palabra.

Si hay algo que alguien desea hacer y que no aporta al mensaje, entonces genera distracción; y esto es lo que queremos evitar. Por esa razón evaluamos al equipo de producción y hacemos esta evaluación continuamente; el objetivo es embellecer la iglesia y hacer el mensaje más eficaz. Seguimos iterando.

UN EJEMPLO DE NUESTRO PROGRAMA DEL FIN DE SEMANA

En la actualidad, nuestro servicio dura una hora aproximadamente. Empezamos con un video cinco minutos antes de la hora de inicio del servicio para que las personas sepan que estamos por empezar y estén en sus asientos. Tenemos unos quince minutos de alabanza, luego cinco minutos para la bienvenida y los anuncios en video, otros tres minutos para dar un mensaje conciso sobre la ofrenda, y unos treinta y cinco minutos para el mensaje y el llamado (ver Anexo en la página 219). Eso es un programa regular, aunque por eventos especiales o fines de semana, cuando tenemos un enfoque especial, agregamos algunas cosas como videos o presentaciones especiales. Igual lo hacemos cuando tenemos un invitado especial o dedicaciones de niños dentro del programa. El programa es simplemente un plan, una base para estar organizados; nunca es algo rígido, no es una ley, sino, por el contrario, es flexible a las necesidades del momento y está sujeto a cambios.

Muchos ven que no hay tiempo para el movimiento del Espíritu Santo, para orar por los enfermos o para la ministración. Y la verdad sí lo hay. Dios no necesita mucho tiempo para moverse en la vida de las personas, cinco minutos en su presencia valen más que meses y horas de consejería; una vida puede ser cambiada en cinco minutos, cuando el mensaje es entregado con claridad y con poder.

Tenemos otro servicio durante la semana que sí es más largo y lo llamamos «Noches CDV». Mientras que el servicio que describí antes es para quitar las distracciones y dar un espacio donde la persona que nos visita pueda tener un encuentro con Dios y donde además el mensaje sea edificante para el creyente, tenemos otro servicio los domingos en la noche, que es más para los cristianos, donde fluye el Espíritu Santo, igual trabajamos las transiciones en este servicio, toda la atención está en la experiencia de las alabanza y en el mensaje, pero este servicio sí dura más tiempo. Un pastor se sorprendería con lo que se puede hacer en una hora y media bien planeada.

LA ORGANIZACIÓN DEL FIN DE SEMANA

«El cambio es lo único constante en la vida», este dicho es parte de la vida de nuestra iglesia. Camino de Vida está en constante cambio y siempre buscamos ser ágiles y estar en constante evaluación de las diferentes áreas de la iglesia. Se dice que la diferencia entre una iglesia pequeña y una iglesia grande es la agilidad. La iglesia pequeña tiene el beneficio de ser ágil y hacer cambios rápidos, mientras que en las iglesias grandes los cambios suelen ser más lentos. El desafío en nuestra iglesia es que, aunque la iglesia sea grande, sigamos siendo ágiles.

La diferencia entre David y Goliat fue la agilidad de David. Goliat era grande

> DIOS NO NECESITA MUCHO TIEMPO PARA MOVERSE EN LA VIDA DE LAS PERSONAS, CINCO MINUTOS EN SU PRESENCIA VALEN MÁS QUE MESES Y HORAS DE CONSEJERÍA

y lento porque le pesaba su armadura. La agilidad de un David siempre va a ganar a la lentitud de un Goliat. La diferencia entre una iglesia pequeña y una iglesia grande es la agilidad. Es como un bote pequeño y un bote grande, los botes pequeños pueden hacer cambios más rápido; no queremos perder la agilidad, queremos hacer los cambios necesarios para seguir ganando más almas para Cristo.

En la iglesia, el liderazgo se prepara toda la semana trabajando en sus áreas para que el fin de semana sea increíble, por lo cual estos dos días (sábado y domingo) son los días con más exigencia en la semana.

PREPARANDO EL AMBIENTE

La preparación del ambiente de cada servicio comienza con muchos detalles pequeños, los Reps (nuestros ujieres) pasando y orando por cada silla donde van a estar sentadas las personas, la sonrisa del que da la bienvenida. Nos fijamos en los detalles antes de abrir las puertas y cuando ya las abrimos.

ANTES DE ABRIR LAS PUERTAS...

Además de los ensayos generales realizados en mitad de semana, tenemos un ensayo dos horas antes de cada servicio. Ahí preparamos todo lo que pasará en el servicio, tomamos una hora para ensayar las canciones y transiciones junto con las luces, lo que se va mostrar en pantallas, los videos, incluso cómo ponemos las sillas y la limpieza del auditorio. Lo vemos como si fuera nuestra casa y vamos a recibir invitados para una reunión importante, todo tiene que estar en orden, listo para atenderlos, todo limpio, la mesa servida.

Mientras se está desarrollando el ensayo hay algunos voluntarios del equipo de producción que se encargan de detalles como cables, tratamos de esconderlos lo más posible para que no se vean, o para que no causen ningún accidente.

Con la ayuda de nuestros Reps se acomodan las sillas para cada servicio de tal manera que si tenemos un servicio donde sabemos que no habrá tanta cantidad de asistentes, ponemos menos sillas, y si es necesario en el momento de la entrada se colocan más. Eso da la impresión de un auditorio lleno, que es la sensación que buscamos. Luego se cambia según la afluencia de personas.

Es muy común que utilicemos tela negra para tapar las zonas en el escenario o alrededores que puedan verse desordenadas. Incluso las usamos como cortinas debajo o detrás de las pantallas para generar una visión limpia. En algunos de nuestros servicios también utilizamos paneles negros para generar un ambiente más chico o cerrado.

El objetivo de este tiempo «antes de» es eliminar cualquier posible error si está en nuestras manos, generar el mejor ambiente con todos los elementos que tenemos a disposición y prepararnos para atender a las personas que se van a recibir.

CUANDO YA ABRIMOS LAS PUERTAS...

La idea es que abramos las puertas media hora antes del comienzo del servicio. Todos los voluntarios listos en sus puestos, ya sea para dar la bienvenida a las personas, acomodarlas en sus lugares, dar información, o simplemente estar listos para empezar. Las luces, las pantallas, la música son elementos que también dan la bienvenida a las personas. El monitor de confianza nos marca el tiempo en el que todo se activa para dar inicio al servicio. Los voluntarios que pertenecen a la parte técnica están vestidos con polo negro para que no generen distracción si se tienen que mover cuando ya comenzó el servicio. Todo está pensado para llevar a cabo la tarea principal, el motivo que nos lleva a trabajar duro en esto: salvar vidas con la Palabra de Dios.

CAPÍTULO 10

UNA IGLESIA PARA CRECER

CÓMO ROMPER LAS BARRERAS MÁS DIFÍCILES

Existen barreras naturales que limitan el crecimiento de la iglesia, esta es una situación que trasciende culturas y países, ocurre en las iglesias de todo el mundo. ¿Cuáles son estas barreras?

La barrera de los 100. La mayoría de las iglesias en el mundo están en esta barrera de las 100 personas o menos en su congregación. Es una barrera natural, piénsela como si fuera una montaña, entonces una vez que llega a la cima, que es la barrera de los 100, vuelve a caer y sube una vez más para encontrarse con la misma barrera otra vez.

Luego está la barrera de los 200. Acerca de esta, Rick Warren ha dicho que es una de las barreras más difíciles de romper.

La tercera barrera es de los 500, luego 800 y luego 1000 personas. También hay más, aunque parecen lejanas para algunos; está la barrera de las tres mil, de las cinco mil, de las siete mil y de las diez mil personas.

Estoy seguro de que aún hay más de esto. Ahora, el tema de estas barreras es que cada una es única y se requieren distintas estrategias para poder vencerlas. Existen algunos principios y factores claves que se pueden aplicar en cada una de estas barreras: la adoración debe ser consistente, inspiradora y excelente. Sabemos cómo se ve un embudo, la parte de arriba es ancha y luego empieza a descender. Si ve su iglesia, al final del embudo están los discípulos, gente que está comprometida con Jesucristo y la iglesia. Entonces, la iglesia es como un embudo, hacemos ingresar a muchas personas pero al final del camino esperamos a que terminen siendo discípulos comprometidos con Jesús y la iglesia.

La parte de arriba del embudo son los servicios del fin de semana, y es ahí donde tenemos la oportunidad más grande para traer personas a la iglesia. Entonces, estos servicios del fin de semana deben ser los mejores. Deben ser servicios llenos de vida, de adoración apasionada y con un mensaje claro de la Palabra de Dios y la presencia de Jesús. Estos servicios del fin de semana deben ser increíbles.

Piense en la parte grande del embudo, los servicios del fin de semana no son solo para motivar a los creyentes o inspirarlos, estos servicios también son para alcanzar a personas nuevas.

Aquí le hago algunas preguntas muy importantes: ¿Para qué existe la iglesia? ¿Para qué es la iglesia? ¿Es solo para los creyentes cristianos? ¿O también es para los no creyentes? La respuesta es: para ambos.

Si se inclina para un lado o para el otro, la cultura de la iglesia va a ser poco saludable. Es como un avión, el avión tiene dos alas; un ala del cristianismo es el evangelismo, y la otra ala es la edificación. Alcanzar a personas y edificar a creyentes, necesitamos ambas alas para despegar y para poder volar en una forma saludable; si tan solo tiene un ala va a dar vueltas en círculos. Hay iglesias que solo prestan atención a los creyentes, el mensaje es para los creyentes, los anuncios son para los creyentes, la música es para los creyentes; estas iglesias no tienen forma para conectar gente nueva a su iglesia.

Debe buscar un lenguaje adecuado para diseñar los servicios y para que el creyente pueda conectarse a la presencia de Dios; pero también para que una persona que es nueva pueda ser tocada, pueda escuchar la Palabra de verdad, y pueda decidir seguir a Cristo. Créame, ¡es posible!

Podemos predicar la Palabra de Dios y crear un servicio de adoración, tener una adoración apasionada y también ver a personas nuevas cada semana entregando su vida a Cristo; esta es nuestra meta. Si solo prestamos atención a los creyentes, edificamos una iglesia eterna en sí misma; si solo tenemos a las mismas personas predicando a las misma personas semana tras semana, es poco saludable. La verdad es que ellas ya están gorditas, y probablemente sobrealimentadas espiritualmente. Cuando hay nuevas personas en la iglesia, o algunas que todavía no han tomado su decisión por Cristo, esto va a ayudar a los creyentes a tomar la responsabilidad de ayudar a quienes recién están llegando a la iglesia. Se requiere que los creyentes desarrollen respuestas para ayudar a los nuevos, «si el pastor predicó acerca de "algo" en particular, ahora lo ponemos en práctica ayudando a las personas nuevas». Una iglesia saludable va a tener esta mezcla de personas en distintas etapas de la fe; debe haber personas no creyentes en su servicio que están buscando a Dios; ellas están hambrientas por la verdad y no saben adónde ir, o qué deben hacer. También deben tener personas nuevas en la fe y empezando a crecer; o aquellas que están un poco más avanzadas, creyentes que han estado por mucho tiempo; esta es la imagen de una iglesia saludable.

ALCANZAR A PERSONAS Y EDIFICAR A CREYENTES, NECESITAMOS AMBAS ALAS PARA DESPEGAR Y PARA PODER VOLAR EN UNA FORMA SALUDABLE

Una manera de romper la barrera de las 200 personas es cuando su servicio es más corto, con más excelencia y más creativo; ahí va a ver cómo la iglesia crece, a veces creemos que no crece por otras cosas, pero es así de simple. Ponga su esfuerzo en el servicio del fin de semana y va a ver cómo la iglesia crece.

También es importante involucrar o conectar a la gente con la iglesia, hacerlo de tal manera que no tenga que preguntar cómo hacerlo, sino que luego de asistir a dos o tres servicios ya tengan una idea de cómo pueden involucrase más en la visión de la iglesia. La gente regresa a la iglesia y sigue asistiendo a ella por causa de estos dos puntos: la conexión y el poder de involucrarse.

Cuando hablo de conexión me estoy refiriendo a hacer amistad, si las personas encuentran amigos en la iglesia, se van a quedar. Y el involucrase se trata de un sentido de pertenencia, todos quieren ser parte del equipo ganador. Entonces, el primer punto es: «Yo quiero conocer a alguien y ser conocido»; y el segundo punto es: «Yo quiero ser parte y quiero ayudar, ¿cómo puedo hacerlo?». Como pastores y líderes de la iglesia, tenemos que ayudar a las personas a lograr esto, no lo hagan complicado, muéstrenles algo simple, muéstrenles cuál es el primer paso para involucrarse.

Cuando ellos vean fácilmente cómo pueden conectar e involucrarse, lo van a hacer. Es como cuando uno pone piedras en el jardín, las piedras hablan por sí solas y dicen: pueden pasar por aquí y luego por allá, un paso y luego otro paso. No hay que decir todos los pasos, solo los primeros, cuál es el primer paso de los que visitan su iglesia por primera vez y cuál es el siguiente. Tiene que ser muy claro en esto, muestre a los nuevos el primer paso, cómo pueden ser parte de la iglesia, hágalo para que no tengan que preguntar ¿cuál es el primer paso? Hay distintas formas de hacerlo, pero tiene que ser muy claro: ¿cómo me involucro?, ¿cómo puedo ayudar para que la iglesia avance?

Si está pensando que debe mejorar su iglesia, comience mejorando los servicios del fin de semana y tenga más personas participando en el servicio, si lo hace la va a mejorar; las personas van a comenzar a invitar a amigos y miembros de su familia, habrá gente nueva asistiendo a la iglesia, la iglesia va a crecer y tendrá un auditorio lleno de personas; siempre debe haber un camino claro y pasos claros de cómo los nuevos pueden involucrarse en la iglesia.

ESTRUCTURAR LA IGLESIA PARA CRECER

Hablamos de la necesidad de administrar y estructurarnos cuando hay muchas personas en su iglesia, pero cuando hay pocas no se necesita mucha estructura, es inútil hablar de estructura o administración cuando solo hay treinta personas en la iglesia; no necesita un gran organigrama o una gran estructura para ello, cuando solo necesita interactuar con las personas.

Ha estado, quizás, en una iglesia pequeña, donde todos tienen un título. Hay treinta personas y todas tienen un título: «Ese es el obispo de la iglesia», «ese es el diácono», «ese es el apóstol...». Todos tienen un título, cualquiera que asista a una iglesia de ese tipo, sentirá que no encaja en ella, debido a tanta estructura. Hay tanta organización que resulta pesado. Es difícil que las personas nuevas puedan conectarse de esa manera.

Pero cuando empieza a crecer, es tiempo de pensar en introducir una estructura, tengan cuidado de no hacerlo pesado, es decir, demasiada administración y muchas reglas. Hay parte de la iglesia que debe ser como el fuego, tiene que ser orgánica. Tiene que haber un poco de caos, tiene que haber ese «uhmm, ¿y ahora qué vamos a hacer?». Es bueno este tipo de caos, porque hace notar que la iglesia está creciendo, que la gente está entrando y que tenemos un «lindo problema».

Cuando hay caos, surge la necesidad de organizar. A veces las personas que están tan preocupadas en organizar, organizan tanto que le quitan vida a la iglesia. No estoy diciendo que debamos tener una iglesia desorganizada, pero en ocasiones vale la pena desorganizar

SI ESTÁ PENSANDO QUE DEBE MEJORAR SU IGLESIA, COMIENCE MEJORANDO LOS SERVICIOS DEL FIN DE SEMANA Y TENGA MÁS PERSONAS PARTICIPANDO EN EL SERVICIO

un poco, es decir, remover estructuras que impiden el crecimiento y dejar que vuelva a crecer para otra vez organizarlo. Si en su iglesia siguen golpeando las barreras, piense en estos principios.

Muchas veces las personas vienen a nuestra iglesia y preguntan: ¿cómo has organizado el staff? ¿Cómo logras que las personas trabajen tan duro? ¿De dónde obtienes tantos voluntarios que sirven tanto? ¿Cómo desarrollas un espíritu de honra en la cultura de la iglesia? ¿De dónde consigues gente tan buena? La verdad es esta: estamos trabajando en equipos, y aquí hay algunos pensamientos acerca de cómo desarrollar equipos dentro de la iglesia.

La iglesia es un gran equipo con muchos pequeños equipos; la ventaja de un equipo es que el trabajo no descansa en una persona o un personaje sino en el equipo. En nuestra iglesia tenemos alrededor de veinte pastores a tiempo completo, es un gran equipo y cada uno tiene equipos de apoyo; la visión de una iglesia debe ser tan grande que no pueda alcanzarla alguien solo.

La idea de los equipos la encontramos en toda la Biblia, Moisés tenía a Josué, Aarón y Ur, David tenía a sus hombres valientes. Jesús tenía a Pedro, Santiago y Juan, y a los doce. La iglesia en Antioquia habla del equipo que estaba orando y enviaron a Pablo y a Bernabé. E incluso el mismo apóstol Pablo tenía hombres que servían con él. Es importante que desarrolle un equipo a su lado.

Una de las cosas que pasa en muchas iglesias al ir creciendo es, por ejemplo, cuando el líder de alabanzas no se siente seguro al ver a personas con mayor talento que él llegando a la iglesia, a veces ellos se sienten amenazados por alguien que podría hacer un mejor trabajo. Es común que cuando esto sucede, traten de mantener a esas personas con mucho talento debajo de su pulgar, y lo hacen por inseguridad.

Un gran equipo de verdad siempre debe buscar lo mejor de cada persona en el equipo y la iglesia en general; en ocasiones esto requiere remover a personas en puestos de liderazgo para que un nuevo grupo se levante. Muchas veces me ha sucedido que al mover a un líder de un área para otra, con el ingreso del nuevo líder se inicia una de las mejores temporadas de crecimiento de ese ministerio.

No tiene nada que ver con títulos, servimos en base a este principio: «Liderazgo por servir, y liderando en equipo».

Recuerde esto, las personas perfectas no existen. Cuántas veces escucho a la gente decir: «Si tuviera el adorador correcto, si tuviera el líder de jóvenes correcto, si tuviera el líder correcto para esta nueva área de evangelismo...». Piensan que si tuvieran a las personas correctas, la iglesia crecería, pero ¿sabe qué? Las personas correctas están cerca de usted, ellas quizá tengan debilidades, pero Dios lo ha puesto ahí para ayudarlas a superar esas debilidades. ¡Levántelas y edifíquelas! Y no tema trabajar con gente joven, tarde o temprano los jóvenes serán los líderes claves alrededor de usted. Si no tiene a las personas perfectas que necesita, ¡entrénelas, ámelas, desafíelas!

CAPÍTULO 11
LA IGLESIA IRRESISTIBLE

ADMINISTRAR TENSIONES PARA HACER UNA IGLESIA PROFUNDA

Recuerdo que cuando nací en Cristo asistía una iglesia en San Diego, California, y mi pastor, George Evans, era un maestro de las enseñanzas bíblicas. Era una iglesia hermosa, muy arraigada en la Palabra de Dios y en el poder del Espíritu Santo. Los servicios duraban un promedio de tres a cuatro horas, y podíamos tener momentos de alabanza muy largos y luego sentarnos a escuchar los mensajes durante una hora o más, sin cansarnos. Era una iglesia de las que se suelen llamar «profundas». Recuerdo que una vez invité a un amigo y él aceptó acompañarme, pero durante todo el camino que nos tomaba ir a la iglesia yo tenía un solo pensamiento: *ojalá que el pastor predique un mensaje que mi amigo entienda, ojalá ningún hermano profetice algo extraño o que no se siente al lado de mi amigo aquella persona que nunca se baña...* Y casi siempre sucedía lo mismo: el mensaje era muy profundo, el que no se bañaba se sentaba al lado de mi amigo, algún anciano ponía las manos sobre mi amigo profetizando, y el pastor hablaba de los diez cuernos de Daniel, como nunca antes. Llegué a pensar que hubiera sido mejor enviarlo a otra iglesia y luego, cuando fuera más profundo en las cosas de Dios, invitarlo de nuevo para asistir a una iglesia como la mía.

Muchos años después, cuando plantamos nuestra iglesia Camino de Vida, me hice esta pregunta: ¿podríamos ser una iglesia profunda en la Palabra y a la vez amplia para recibir gente nueva? Yo creo que es posible que una iglesia pueda tener ambas cosas, que pueda ser atractiva para ganar nuevas personas sin perder la profundidad de las enseñanzas bíblicas. ¿Alguna vez ha invitado a alguien a su iglesia y se ha avergonzado cuando llegó a ella?

Si una persona es avergonzada cuando invita a un amigo a la iglesia, nunca más querrá invitar a otro amigo para no volver a ser avergonzado. ¿Cómo podemos hacer la iglesia atractiva para los que quieren profundidad de la Palabra y para los que vienen en busca de Dios por primera vez? ¿Es posible? Yo creo que sí. Creo que la iglesia de Jesucristo debe ser como un imán gigante, irresistible a todos aquellos que están buscando a Dios. Como dice Isaías, la atracción más grande del mundo. Jesucristo es la respuesta, la solución que necesita este mundo, y la iglesia debe reflejar esta esperanza.

La iglesia debe ser irresistible. El problema es que muchas iglesias son resistibles, dicen ser espirituales o profundas, pero ahuyentan a la gente.

Una enseñanza que aprendí del pastor Andy Stanley es reconocer la diferencia entre problemas y tensiones. El principio es este: «Resuelve los problemas, administra las tensiones». Cuando aprendamos este principio será de mucha ayuda en la administración de la iglesia local. La enseñanza es así: en la vida siempre habrá tensiones, y en realidad estas son saludables. Para construir una sociedad, la tensión es necesaria. Un arquitecto sabe de este principio cuando construye un edificio, las tensiones son necesarias, pero si no se aprende a administrarlas bien, puede ser frustrante. Entonces, resuelvan los problemas y administren las tensiones. ¿Qué quiere decir esto? En la iglesia, por ejemplo, existe una tensión entre la familia y la iglesia, es decir, le doy más tiempo a la familia o más tiempo a la iglesia. Este no es un problema para resolver, es una tensión para administrar. Si resuelve esto, pierde. Si todo es familia y nada iglesia; o todo iglesia y nada familia, pierde. Lo mismo podemos decir del trabajo y la familia, no es un problema para resolver, es una tensión para administrar; si lo resuelve, pierde. Si todo es trabajo olvida a la familia, o si todo es familia olvida el trabajo.

LA GRAN COMISIÓN

Ahora, aplicando esto a la iglesia local, existe esta tensión: hay algunas personas que me dicen: «Pastor, debemos ser más profundos en la Palabra». Y otras, en cambio, dicen: «Pastor, debemos ser más abiertos o sensibles con la gente nueva para no perderla». Esto no es un problema para resolver, es una tensión para administrar; es decir, una vez que reconocemos que la tensión existe, podemos administrar entre profundizar la enseñanza o ser amigables con los que vienen por primera vez. ¿Pero qué es lo que pasa? Muchas iglesias deciden ser «profundas» en la Palabra, y eso genera que las visitas no entiendan el lenguaje de la iglesia y se vayan de ella, convirtiéndose así en iglesias resistibles para las personas nuevas. ¿Puede ser la iglesia amplia y profunda a la vez? Yo creo que sí. Es una tensión para administrar. En la política saludable existe un ala derecha y un ala izquierda; si se resuelve esta tensión en la política, la sociedad pierde. Es decir, si todo es izquierda o todo es derecha. Es la tensión en la política lo que hace a un país saludable.

EL PROBLEMA ES QUE MUCHAS IGLESIAS SON RESISTIBLES, DICEN SER ESPIRITUALES O PROFUNDAS, PERO AHUYENTAN A LA GENTE

Lo mismo en la iglesia, si no hay nadie en la iglesia que pida profundizar más en la Palabra de Dios, y otros que pidan ser amplios en la evangelización, la iglesia no es sana. Siempre debe haber personas nuevas en la iglesia y a la vez personas maduras en su fe para ayudar en el discipulado de las nuevas.

Veamos qué dice la Biblia. Jesús nos dio a nosotros una Gran Comisión, y el privilegio es ser invitados a una gran CO-MISIÓN con nuestro Señor Jesucristo.

La Gran Comisión fue dada tres veces en el Nuevo Testamento. Muchas personas piensan que fue dada una sola vez, pero en realidad Jesús la dio tres veces y en tres lugares distintos. Son tres directivas de una misma comisión.

La primera vez que Él dio la Gran Comisión se encuentra en Marcos 16.15, en el Aposento Alto, en la ciudad de Jerusalén. Allí Jesús dijo: «Id por todo el mundo y predicad el evangelio».

La segunda vez fue dada en Mateo 28.19, y esta vez ocurrió en Galilea, en el monte, probablemente el mismo monte donde fueron llamados los discípulos a seguir a Jesús. Ahí añadió esta frase:

«Haced discípulos». Es decir, amplió la comisión; primero en Marcos dijo: «Id [...] y predicad», y ahora en Mateo añade el «haced discípulos».

Ahora bien, cuando dice: id por todo el mundo, no solo se refiere a «cruzar fronteras», sino a entrar en el mundo de cada persona. La palabra que Jesús usa aquí es etnos, y etnos quiere decir pueblos, personas, gente... «Ir al mundo de cada uno».

Pero a veces es muy difícil entrar al mundo de la gente, porque sus mundos son muy complicados. La enseñanza de Jesús a Marcos fue: entrar en el mundo de la gente y llevar las buenas nuevas. Y la segunda directiva fue: hacer discípulos de ellos.

La tercera directiva de la Gran Comisión fue dada por Lucas en Hechos 1.8 con estas palabras: «Recibiréis poder, cuando haya venido sobre vosotros el Espíritu Santo, y me seréis testigos en Jerusalén, en toda Judea, en Samaria, y hasta lo último de la tierra».

Veamos, entonces, la progresión. La primera directiva: ir a todo el mundo; la segunda directiva, dada una semana después: hacer discípulos; y la tercera, dos semanas y media después: seréis sus testigos cuando venga el Espíritu Santo.

Es curioso cómo algunas personas usan el Espíritu Santo como excusa para dar mensajes complicados, porque quieren parecer profundos en las cosas del evangelio. Pero el Espíritu Santo hace testigos; la tercera directiva de la Gran Comisión es esta: que el Espíritu Santo haría de usted una persona que pudiera testificar y representar a Jesús en el mundo. Juan dice que si Jesús es levantado, el Espíritu Santo atraerá a todos a Jesús. Entonces, el Espíritu Santo es una atracción, nunca una distracción.

Cuando usted reciba al Espíritu Santo, Él hará que usted tenga un poder dentro de sí que será atractivo para los que están buscando a Dios, esto es conocido como el fruto del Espíritu Santo. Lo triste es la forma en que algunas iglesias presentan al Espíritu Santo, lo cual hace que muchas personas nuevas tengan una mala imagen de la iglesia, calificándola como rara o extraña, y, en consecuencia, se alejen en lugar de ser atraídas hacia ella. Mucho de lo que se hace en el nombre del Espíritu Santo en las iglesias que se autodenominan «profundas» está alejando a las personas de Cristo en vez de atraerlas.

¿Cómo podemos hacer discípulos si el mundo mira la iglesia y dice que es rara, extraña o simplemente no la entienden? Lo que el Espíritu Santo busca es hacerla atractiva, y cuando fluye como debe fluir, hará que la iglesia sea una atracción, para que cuando el mundo entre en ella diga: «Esto es justo lo que necesitaba».

Hay un término, *corpus collosum* (cuerpo calloso), que quiere decir «su cuerpo en el mundo». Cristo vino al mundo, murió y resucitó; y ahora la iglesia es su *corpus collosum*, su representante en este mundo, nosotros somos su cuerpo en este mundo.

¿Sabía que usted puede ser la solución que ha estado buscando su vecino o compañero de trabajo, o ser la salida de sus problemas? Con una sola palabra de ánimo, con frases muy sencillas como: creo en ti, Dios está contigo, Dios te ama, Él tiene un destino para ti... Y ellos dirán: «Es justo la palabra que necesitaba, gracias». Somos el cuerpo de Cristo en este mundo, debemos ir a todo el mundo y hacer discípulos.

CAPÍTULO 12
ALCANZAR A LA NUEVA GENERACIÓN

UNA IGLESIA VIBRANTE, REJUVENECIDA Y LLENA DE VIDA

Tengo un amigo que es pastor de una iglesia muy grande, con un ministerio que hoy día alcanza a miles de jóvenes. Un día, este amigo mío fue invitado a predicar en la iglesia de un pastor que era un héroe para él. El pastor de esta iglesia tenía mucho renombre y había levantado iglesias y ministerios en muchos países del mundo. Y en la última parte de su vida estaba pastoreando una iglesia al norte de Estados Unidos. Cuando mi amigo recibió la invitación, fue con mucha preparación y oración para predicar a la iglesia de su héroe. Pero al llegar, se dio con la sorpresa de que la iglesia estaba semivacía.

Era un santuario construido para cinco mil personas, pero solo la cuarta parte estaba llena. Mi amigo se molestó y se preguntó: «¿Dónde están todos? ¿No saben a quién tienen aquí? Este pastor es un gran hombre de Dios que ha hecho mucho por la iglesia, aquí y en el mundo entero. ¿Por qué no lo apoyan?». Y de pronto sintió al Espíritu Santo decirle en su corazón: «Sí lo apoyan». Mi amigo se preguntó: «Entonces, ¿dónde están los que lo apoyan?». Y recibió asombrado la siguiente respuesta: «Su gente ya está conmigo. Todos los que comenzaron con él, crecieron y murieron, pero los hijos y nietos de esa generación no siguieron a sus padres en esa iglesia. Este pastor alcanzó una generación, pero nunca pudo alcanzar a la siguiente».

Inmediatamente mi amigo sintió que si no cambiaba, su iglesia pasaría por lo mismo. Se dio cuenta de que casi todos en su iglesia ya eran adultos y si quería alcanzar a la siguiente generación debía hacer cambios profundos. Detuvo muchas actividades y comenzó los cambios (que duraron varios años) para relanzar su iglesia. Esto para él fue una llamada de atención de Dios, con el fin de preparar a su iglesia para la siguiente generación.

Cuando escuché esto, vi a nuestra iglesia en el Perú, fui a ella y dije: «Estoy dispuesto a sacrificar a esta generación para alcanzar a la siguiente». Cuando dije esto, las personas mayores se preocuparon: «¿Y nosotros?». Yo les respondí: «Los necesito aquí porque muchos de los jóvenes que están llegando a la iglesia necesitan un mentor, la figura de una familia sana, ayúdenme a alcanzarlos». Luego, vinieron los cambios, y algunos decían: «Yo prefiero los coros de siempre», o «el sonido de esta nueva música es muy alto», o «por qué cambiaste el color de la pared», o «por qué pusiste luces en el santuario». Yo les decía: «Puede que la música sea alta, pero miren a sus hijos y a sus nietos en el altar. Hemos tocado nuestra música durante treinta años, ahora les toca a ellos. ¿Qué padre o abuelo no quiere ver a sus hijos al frente de la iglesia apasionado por Dios?».

Hoy día, nuestro «marketing» en la iglesia (para usar un término moderno) está dirigido hacia los que queremos alcanzar, «el blanco» son personas de entre dieciocho y veinticinco años de edad. Es decir, toda la publicidad, folletos, volantes, música, etc. que salen de nuestra iglesia están dirigidos a personas en este rango de edades. ¿Por qué? Porque todo adolescente que tiene catorce años quiere tener dieciocho y todo adulto que tiene cincuenta años quiere tener veinticinco. Miren la publicidad de este mundo, siempre está apuntando hacia «el blanco» de jóvenes entre dieciocho y veinticinco años. Habrá algunos que dirán: «Pero si dirigimos la iglesia a la gente joven, la gente mayor se irá de esta». No tiene que ser así, y lo explico con un ejemplo.

¿Qué edades tienen las personas que compran más las computadoras Apple en la actualidad? La empresa dirige su publicidad a los jóvenes, pero en realidad la gente entre cincuenta y sesenta años son los mayores consumidores de los productos Apple. Esto me dice que la gente mayor también quiere ser «cool». Yo creo que cuando la iglesia se llena de jóvenes, las personas mayores se rejuvenecen viendo la vitalidad de los jóvenes. Los jóvenes traen vida a la iglesia.

En biología, la definición más sencilla de vida es «cambio». En otras palabras, si algo no cambia es porque está muerto. Es triste saber que hay muchas iglesias que no cambian, y están como muertas. Yo creo en una iglesia vibrante, llena de vida, dispuesta a cambiar para alcanzar a la próxima generación. Como hemos dicho, en Isaías 2.2 la Biblia dice: «En aquel día, el monte del Señor se alzará sobre todo monte, todos lo mirarán y dirán ese es el monte del Señor» (paráfrasis). En una versión moderna, dice: «En los últimos días, la iglesia será la atracción más grande del mundo». Este versículo para mí es nuestro futuro, el futuro de la iglesia. ¿Es Disneylandia la atracción más grande del mundo? ¿El lugar más alegre del mundo? ¿Pueden imaginar conmigo una iglesia así de atractiva? Los montes en la Biblia son reconocidos como gobiernos u organizaciones, y lo que dice Isaías es que la iglesia sería la organización de mayor importancia en los últimos días, y que el mundo dirá: «Mira allá, corramos a la casa de Dios, ahí nos van a enseñar cómo podemos vivir».

SE DIO CUENTA DE QUE CASI TODOS EN SU IGLESIA YA ERAN ADULTOS Y SI QUERÍA ALCANZAR A LA SIGUIENTE GENERACIÓN DEBÍA HACER CAMBIOS PROFUNDOS

¿Por dónde podemos empezar el cambio? La respuesta es: paso a paso, no salto a salto. No haga grandes cambios a la vez. Dios ordena los pasos del justo (Salmos 37.23).

Quizás en el proceso de hacer cambios, algunos pasos pueden fallar, y está bien; aprenda de los errores en el proceso, pero siga avanzando para alcanzar a la próxima generación. Recuerde que el evangelio siempre es el mismo y la Palabra de Dios nunca cambia, lo que estamos buscando es un cambio de métodos pero guardando el mensaje.

Hay otra lección que aprendemos en biología, y se trata de esto: si fuera posible congelar los músculos de los ojos con el objetivo de mirar un solo objeto sin mover la vista, uno se volvería ciego en dos minutos. ¿Por qué? Porque nuestro cerebro está hecho para ver movimientos, cambios. La vida está en constante movimiento, y la enseñanza es esta: lo que no cambia se vuelve invisible. La iglesia no debe ser invisible en su comunidad, es una luz que debe ser puesta sobre una montaña y no escondida debajo de la cama.

Pero la iglesia que no cambia se convierte en invisible para la gente en este mundo.

Por años he oído esta frase: «Europa vive en un tiempo postcristiano», ya que en el siglo pasado era la cuna de los grandes avivamientos. Hoy día toman este dicho como una excusa para justificar la falta de presencia de Dios en la iglesia. Pero luego vi iglesias, como Hillsong y algunas otras, llegar a los países donde abunda este pensamiento, y con un nuevo método están alcanzando a la juventud en estas naciones que lo ven muy atractivo, y sus iglesias crecen en miles de miembros cada año. Sea Inglaterra, Francia, Alemania, Suecia, Japón o Sudáfrica; muchas personas decían que estas eran ciudades seculares con culturas anticristianas, pero esas iglesias están probando todo lo contrario. Al observar este despertar, llego a una conclusión: «La gente no rechaza a Jesús, rechaza la tradición».

El asunto es que, si no cambiamos, la iglesia puede llegar a ser invisible, y tenemos un mensaje demasiado importante como para ser invisibles; yo creo que la iglesia es la esperanza del mundo —algo que no ofrecen ni las grandes empresas ni los políticos— que nos brinda, sí, una relación con Jesús.

En un estudio que hizo la organización de Billy Graham y otras investigaciones complementarias, se ha visto que la mayoría de las personas reciben a Cristo en su juventud. Cuando se es adulto, las personas ya tienen más establecidas sus ideas y es más difícil lograr un cambio en ellas. Menos del uno por ciento de las personas reciben a Cristo más allá de los setenta años. Qué quiere decir esto: que el enfoque del alcance de nuestra iglesia debe ser la juventud; una edad en la que podemos enseñar principios de una familia sólida y la importancia de los valores y el carácter; así la iglesia tendrá futuro. Yo pienso en una iglesia generacional, donde haya juventud sentada al lado de personas con canas, donde la gente mayor nos

> «ESTOY DISPUESTO A SACRIFICAR A ESTA GENERACIÓN PARA ALCANZAR A LA SIGUIENTE»

ayude a modelar una vida, donde los jóvenes digan «quiero una vida así». Quizás los que dirigimos la iglesia ya no seamos tan jóvenes, pero nuestro espíritu siempre debe tener una actitud joven.

CAPÍTULO 13
SEÑALES QUE HABLAN POR USTED

PARÁBOLA DE LOS TALENTOS

Jesús dijo: «Estas señales seguirán a los creen» (Marcos 16.17). Podemos saber lo que cree una persona por las señales que le siguen. Si no le gustan las señales que le siguen, tiene que cambiar lo que cree; las señales siempre seguirán lo que cree. Entonces, ¿qué cree usted que es importante? Si cree en algo equivocado, esto le puede traer consecuencias.

En Mateo, capítulo 25, encontramos la parábola de los talentos. Se trata de tres siervos que recibieron dinero en talentos según su propia capacidad. Uno recibió cinco, otro recibió dos y el otro recibió uno. ¿Pero cuál es la diferencia entre estos siervos?

La Biblia dice que cada uno recibió según su capacidad, esta parábola no se trata de dinero, se trata de las personas y de la capacidad de cada una. Es decir, el que tuvo la capacidad de cinco, creció y pudo luego administrar cinco más. Y el que tenía la capacidad de dos, creció y luego tuvo la capacidad de administrar cuatro. El problema fue que el que recibió un talento no creció, pues nunca cambió. Este hombre no fue como el hijo pródigo que tomó el dinero de su padre y lo malgastó en una mala vida y en fiestas; el talento que este hombre recibió lo devolvió tal y como lo había recibido. Simplemente no creyó como los otros dos. No vio la tremenda oportunidad que tenía frente a él. ¿Qué es lo que usted cree? Porque las señales seguirán lo que cree.

Dentro de la iglesia existen personas así, están sentadas durante diez, quince o veinte años, y siguen iguales como el primer día que llegaron a la iglesia, no progresan ni avanzan. No cambian.

Ahora, veamos la respuesta del siervo que había recibido un talento, él dijo a su patrón: «Señor, yo sabía que eres un hombre duro, que siegas donde no sembraste y recoges donde no esparciste, y tuve miedo, y fui y escondí tu talento en la tierra» (Mateo 25.24–25, LBLA).

A diferencia de este siervo, los que recibieron cinco y dos talentos, creían y estaban convencidos de que su Señor les había dado la oportunidad de avanzar, de crecer. Mientras que el siervo que recibió un talento, creía que el cristianismo era difícil y su Señor era duro.

Dios no es duro, Dios es bueno, y en la iglesia damos oportunidades para que la gente crezca. Las señales siguen lo que usted cree. Por ejemplo:

Si ofrecemos un curso para matrimonios y la gente dice: «Esto no es para mí, es para otros»; está bien, las señales los seguirán a ellos. Si ofrecemos un curso para hombres o mujeres, y las personas dicen: «Esto no es para mí pero conozco a alguien que lo necesita», está bien; las señales los seguirán a ellos. Hay algunos que cuando pasan la canasta para las ofrendas dicen: «Esto no es para mí, es para ellos», está bien; las señales seguirán a los que creen.

Si no le gustan las señales que le siguen, cambie lo que cree. La Biblia llama al siervo que recibió un talento, siervo malo e inútil; lo que él creía le hizo esconder su talento. Cuánta gente hoy, por creer algo equivocado en la vida, esconde sus talentos.

Mire el resultado de los siervos que habían recibido cinco y dos talentos, su patrón les dijo: «Bien, buen siervo y fiel, [...] entra en el gozo de tu señor» (Mateo 25.21, 23); fueron cristianos felices. Pero el que recibió un talento terminó crujiendo sus dientes (Mateo 25.30); era un cristiano infeliz. Recuerden, su error no fue vivir una mala vida, su error fue no hacer nada con ella, tuvo temor y no cambió. En la iglesia y en el mundo hay muchas oportunidades que Dios nos da para crecer: mensajes, libros, conferencias, y más; son oportunidades para que usted pueda avanzar, crecer, aprender a iterar y mejorar su vida, su familia y su iglesia.

Entonces, ¿qué cree usted? Porque las señales seguirán lo que cree.

INSTINTO

Otra de las cosas que podemos aprender de esta parábola de los talentos es que, luego de que el hombre diera los talentos a cada siervo según su capacidad, él se retiró. Nunca les dijo: «Ya vuelvo, espero que dupliquen lo que les he dado, espero que hagan crecer lo que les entregué». En el versículo 15 de Mateo 25, el Señor de esta historia les entregó los talentos y luego se fue, nunca dijo que volvería ni les dio instrucciones acerca de lo que él quería.

Sin embargo, él esperaba que los siervos que recibieron los talentos los multiplicasen y los hicieran crecer. Cuando uno lee la Biblia, se da cuenta de que todo lo que es de Dios siempre crece. Dios le dijo a Adán en el huerto, en Génesis 1.28: «Fructifica, multiplica, crece, y administra bien lo que he puesto en tus manos» (paráfrasis). Si hay algo cierto, es que un día vamos a rendir cuentas a Dios de todo lo que Él nos ha dado. Hubo dos de estos siervos que multiplicaron los talentos, no por haber recibido una orden directa de su señor, sino que lo hicieron por puro instinto. A cada uno de estos dos siervos, su amo les dijo: «Bien, buen siervo y fiel; [...] entra en el gozo de tu señor» (Mateo 25.23); pero el que recibió un talento solo presentó excusas.

La verdad es que hoy todo el mundo sabe lo que tiene que hacer, la cuestión es si lo hacen o solo presentan excusas. ¿Cómo sabemos lo que debemos hacer? Por instinto, el que recibió un talento, solo se excusó, y su señor dijo acerca de él que era perezoso y malo por no haber hecho lo que por instinto sabía que debía hacer.

Pongo otro ejemplo de instinto, al cual llamo «la sabiduría del taxista». Muchas veces, cuando paseo por Lima, tengo que tomar taxis y siempre me sucede lo mismo: cuando el taxista me oye hablar en español, me pregunta: «¿De dónde eres? Le explico que nací en California, y de pronto el taxista insiste con las preguntas típicas de los hombres del mundo: «¿Qué te parecen las chicas peruanas?». En momentos así les digo: «Soy pastor, felizmente casado y con hijos». Me da risa cuántas veces he tenido que escuchar a los taxistas decir: «Ay, perdón, perdón, no sabía...». Y luego ellos mismos siguen hablando: «Ustedes los cristianos no fuman, ¿verdad?». Y yo respondo: «No, no fumamos». El taxista continúa: «Ustedes los cristianos no toman, ¿verdad?». Y yo respondo: «No, no tomamos». Él me vuelve a preguntar: «Ustedes los cristianos no salen con otras mujeres, ¿verdad?». Yo repito por tercera vez la misma respuesta: «No, no lo hacemos».

Algunas veces los jóvenes en la iglesia me hacen estas preguntas: «Pastor, ¿es malo fumar?, ¿está mal tomar un poquito?, ¿puedo ir a las fiestas con mis amigos?». ¿Qué es lícito y qué no? A veces solo me dan ganas de decirles: «No sé, pregúntale al taxista». Y es que parece que él supiera más que el joven que va a la iglesia. La verdad es que todos sabemos qué es bueno y qué no, lo sabemos por instinto. Entonces, si ya sabe qué es bueno, ¡hágalo!, en vez de buscar enredarse con las cosas que no le convienen. Como dice la canción: «He decidido seguir a Cristo, la cruz delante y el mundo atrás». No hay nada en los enredos del mundo que yo quiera, yo he decidido seguir a Cristo.

Sabemos que un día el Señor va a volver y todos queremos oír: «Bien, buen siervo y fiel, entra en el gozo de tu Señor». No esconda el talento que Dios le ha dado, multiplíquelo, Él vendrá a rendir cuentas con usted.

CAPÍTULO 14

¿DÓNDE SALTA EL CONEJO?

LA IMPORTANCIA DE TENER A LAS PERSONAS EN EL LUGAR CORRECTO

Hay un cuento de niños que ha definido mucho la manera de formar equipos en nuestra iglesia. Siempre utilizo mucho este ejemplo. Primero daré a conocer este cuento para niños, y luego su aplicación.

En un campo vivían una ardilla, un conejo, un pez y un pato, todos vivían felices en su campo, aunque era pequeño. Cuando llegó la primavera nacieron sus hijos y los padres estaban muy orgullosos de sus familias. Pero luego dijeron que el campo donde vivían era muy pequeño, los padres querían que sus hijos avanzaran en la vida más allá de lo que el campo podía ofrecerles. Entonces, tomaron la decisión de formar un colegio, porque decían: «Con la buena educación nuestros hijos pueden avanzar más allá de este campo»; pero luego se pelearon por el plan de estudios. El pato decía: «Hay que enseñar a volar»; la ardilla decía: «¡No!, subir árboles es importante»; el conejo decía: «¡No!, hay que enseñar a nuestros hijos a saltar»; y el pez decía: «La natación es importante». Después de un argumento se dieron cuenta de que para que sus hijos avanzaran en el mundo y tuvieran una educación redonda, debían aprender de todo: nadar, volar, subir árboles y saltar; y así de contentos construyeron el colegio.

El primer día de colegio, los padres del conejo estaban contentos y orgullosos de que su hijo fuera a ser educado. La primera clase del día fue salto y le encantó el colegio; su segunda clase del día fue subir árboles y ya eso no le era tan fácil, solo podía subir árboles inclinados. Su tercera clase del día fue volar y desde arriba del árbol podía volar un poco, pero sus aterrizajes eran accidentados; y la cuarta clase del día fue natación: cuando los profesores empujaron al conejito al lago para nadar, los demás niños se rieron porque lo veían chistoso mojado, los profesores trataron de enseñarle cómo usar sus patitas para nadar, pero por más que trataba no pudo hacerlo bien. Cuando lo sacaron del lago, los niños se reían aún más, lo volvieron a meter al agua y las risas y las burlas de los demás niños seguían; hasta que por fin terminó el día. Cuando el conejito llegó a casa, él dijo: «Papi, mami, odio el colegio, no quiero volver allí nunca más». Mamá y papá, preocupados por el futuro de su hijo, lo llevaron al consejero del colegio, y él dijo: «Bueno, tu hijo es excelente en salto, es mediocre en subir árboles y volar; y donde realmente necesita ayuda es en natación». La sugerencia del consejero fue la siguiente: «Lo sacamos del salto y lo ponemos en doble clase de natación».

¿No sería mejor un colegio que enseñe a los conejos a saltar, a los peces a nadar, a las ardillas a subir árboles y a los patos volar?

Llevando esto a la iglesia, muchas veces tomamos a personas tímidas y las mandamos a evangelizar en la esquina; o tomamos a personas extrovertidas y conversadoras y las mandamos a una esquina para interceder; luego tomamos a personas que son fieles a la iglesia, pero no les gustan los niños, y las mandamos a la escuela dominical porque son fieles. ¿No sería mejor entrenar intercesores para interceder, conversadores para evangelizar, y a los que amen a los niños para trabajar con ellos?

Tengo este dicho, no existen personas fracasadas, solo existen personas mal ubicadas. Cuando estén en el equipo correcto lo van a hacer con mucho entusiasmo y alegría. Si lleva a su hijo a una iglesia, ¿en cuál iglesia se va a quedar? ¿En la que hay una persona a quien no le gustan los niños pero es fiel y puede aguantar niños durante una hora; o en la iglesia que tiene a una persona apasionada por los niños y que prepara su curso durante la semana y espera con ansias a que llegue el domingo? ¿A cuál de estas iglesias va a querer ir para dejarlo?

El dicho en nuestra iglesia es este: «¿Dónde salta el conejo?» Cada persona va a saltar en un área, en un equipo; y hay mucha alegría cuando lo encontramos

CAPÍTULO 15
LA VID Y EL RACIMO. LA BUENA CONEXIÓN

SER UVAS JUGOSAS, NO PASAS SECAS

En Juan 15.1–8, dice así:

> Yo soy la vid verdadera, y mi Padre es el labrador. Todo pámpano que en mí no lleva fruto, lo quitará; y todo aquel que lleva fruto, lo limpiará, para que lleve más fruto. Ya vosotros estáis limpios por la palabra que os he hablado. Permaneced en mí, y yo en vosotros. Como el pámpano no puede llevar fruto por sí mismo, si no permanece en la vid, así tampoco vosotros, si no permanecéis en mí. Yo soy la vid, vosotros los pámpanos; el que permanece en mí, y yo en él, éste lleva mucho fruto; porque separados de mí nada podéis hacer. El que en mí no permanece, será echado fuera como pámpano, y se secará; y los recogen, y los echan en el fuego, y arden. Si permanecéis en mí, y mis palabras permanecen en vosotros, pedid todo lo que queréis, y os será hecho. En esto es glorificado mi Padre, en que llevéis mucho fruto, y seáis así mis discípulos.

La Biblia dice que Dios es la vid, y nosotros, sus pámpanos, estamos conectados a Él. El deseo de Dios es que usted tenga una vida fructífera. Pero, además, cada uno de nosotros tenemos brazos o ramas en nuestra vida cuyo propósito es fructificar para ser de bendición a otros. Él es el que pone conexiones en nuestra vida. Por ejemplo, una de las ramas de su vida es su matrimonio. Si está conectado a la vid, esta será fructífera, asimismo su familia, su vida laboral, sentimental o amical serán bendecidas. Si está conectado a la vid, todas estas otras áreas tendrán potencial para ser fructíferas.

Suceden cosas maravillosas cuando tenemos la conexión correcta en nuestras vidas. El versículo 4 dice: «Permaneced en mí y yo en vosotros. Como el pámpano no puede llevar fruto por sí mismo, si no permanece en la vid, así tampoco vosotros, si no permanecéis en mí».

Lo que fluye por la vid estará en usted, habitará en usted y fluirá a través de usted. En otras palabras, cuide su conexión a la vid. Si no está correctamente conectado, algo puede morir, y hasta puede haber una desconexión. Lo que fluye por la vid o la ausencia de ello puede afectar sus brazos o sus ramas.

También cuide con quién se conecta, pues algunas conexiones podrían traerle complicaciones a su vida.

Un grupo de uvas conectadas a la vid son jugosas, Dios ama la conexión, Él quiere mantenerlo conectado, fuera de Él nada podemos hacer. Todo pastor sabe esto: «Es una señal de peligro cuando una persona se separa de la iglesia». La Biblia dice: «El vino nuevo está en el racimo», y «en él hay bendición» (Isaías 65.8 paráfrasis). En el racimo hay muchas uvas, pero si uno separa una uva del racimo, ¿qué ocurre? Se seca y se convierte en una pasa. Existen cristianos cuya vida se ha secado porque se han separado de los demás, ¡se convierten en pasas! A veces digo: «Hay personas con cara de pasa», porque están desconectadas de las cosas que Dios tiene para ellas. Si es una señal de peligro cuando un cristiano se desconecta de otros, también es una señal de peligro cuando una iglesia se desconecta de otras iglesias. Somos mejores cuando estamos juntos, unidos y conectados. Es decir, una iglesia desconectada también puede convertirse en pasa, así como la uva desconectada del racimo que se vuelve seca.

Llevemos esto a un nivel más profundo: si una señal de peligro es una persona desconectada de otras personas, así como una iglesia desconectada de otras iglesias; también lo será cuando una iglesia en una nación se aleja de las iglesias en otras naciones del mundo. La iglesia debe trascender fronteras, hay mucho que podemos aprender de las iglesias en otras partes del mundo. La iglesia en Estados Unidos necesita de la pasión de la iglesia latina, y la iglesia en América Latina se puede beneficiar con el espíritu visionario de las iglesias en Norteamérica. Todos podemos aprender de la lealtad de las iglesias en Asia o el entendimiento de autoridad espiritual de las iglesias en África. Somos mejores cuando estamos juntos y conectados. Nadie puede decir que porque tú hablas francés y yo español, o tú hablas ruso y yo inglés, no te necesito; es mejor cuando estamos conectados.

Cuando estamos conectados correctamente estaremos bien no solo nosotros, sino también todas las ramas de nuestra vida; pero si uno se desconecta de Dios o se desconecta de la iglesia, esto puede afectar otras áreas de la vida misma. Al final del versículo 5 de Juan 15, Jesús dijo: «Separados de mí nada podéis hacer», y al enemigo le gustaría aislarlo y ponerlo a un lado. Hay muchas cosas en la vida que pueden causar aislamiento. En Juan 15.7 dice: «Si permanecéis en mí, y mis palabras permanecen en vosotros, pedid todo lo que queréis, y os será hecho». En otras palabras, no tendrá que tratar de hacer todo por usted mismo. Si se mantiene conectado correctamente con Dios, esta es su promesa: «Él hará todo por usted». Recuerde que su deseo es que tenga mucho fruto en la vida. Jesús preguntó a sus discípulos una vez si todavía tenían endurecido el corazón, si tenían ojos que no veían y oídos que no oían. Proverbios 22.9 dice que un corazón generoso con ojos mirando a Dios será generoso, y esto es lo que quiero para ustedes; guarden sus ojos para Dios, conectado siempre a Él, para que el resto de su vida sea lo que Dios quiere. Una vida fructífera.

SI ES UNA SEÑAL DE PELIGRO CUANDO UN CRISTIANO SE DESCONECTA DE OTROS, TAMBIÉN ES UNA SEÑAL DE PELIGRO CUANDO UNA IGLESIA SE DESCONECTA DE OTRAS IGLESIAS

Para concluir este capítulo, quiero añadir lo siguiente: John Maxwell, en el libro *Las 15 leyes indispensables del crecimiento* sostiene que «el crecimiento prospera en entornos propicios».[3] Y menciona una investigación del psicólogo David McClelland, de Harvard, donde dice que las personas con quienes uno se asocia habitualmente, forman su «grupo de referencia». Y estas personas determinan hasta el noventa y cinco por ciento de su éxito o fracaso en la vida.

Puedo añadir este dicho conocido: «Muéstrame a tu amigo y te diré quién eres». Uno sabe el carácter del hombre por los amigos que tiene. La Biblia dice que no es bueno que el hombre esté solo.

No fue bueno para Adán hace miles de años y, no es bueno para el hombre hoy. Dios nos hizo a su imagen y semejanza, recuerde que Él vive en una continua armonía entre el Padre, el Hijo y el Espíritu Santo. La misma existencia de Dios está basada en una relación. Dios nos hizo a su imagen y semejanza, y cuando Dios dice: «No es bueno que el hombre esté solo» (Génesis 2.18), es que el hombre fue creado para vivir en relación con otros hombres, el hombre fue creado para ser conectado y no aislado. A veces hay personas que dicen: «Yo no necesito personas, solo quiero a Dios; solo Dios y yo, nadie más». Pero piense un momento en Adán. En el huerto estaban Dios y Adán solos; Adán tenía a Dios solo para él, bajaba en las tardes para pasear solamente con él y en este contexto Dios dijo: «No es bueno que el hombre esté solo». Esto nos muestra que Dios nos hizo para estar en relación con otros, y con Él. La iglesia es su familia, donde Dios pone estas conexiones divinas que nos ayudan a crecer.

CAPÍTULO 16
LÍDERES EN LA IGLESIA

LA JUSTICIA LLEGA CON UN BUEN LIDERAZGO

Liderazgo es inspirar. Es más que trazar caminos o apuntar direcciones, el liderazgo verdadero inspira. ¿Quiénes son las personas que le inspiran a usted? Nos inspira aquel con quien nos podemos identificar, alguien que es humano y cuyo ejemplo nos anima a decir: «Yo también puedo hacer eso». Para el liderazgo tenemos que crear una forma de inspirar a las personas, no hacer una copia literal de nosotros mismos, sino encontrar una forma de decir: «Mira, así es como lo hago, tú también puedes hacerlo, pero a tu manera». El liderazgo ayuda a que la gente capte el mensaje y sea inspirada por lo que usted hace.

Inspirar no es solo motivar, porque la motivación viene de afuera hacia adentro; en cambio, la inspiración va de adentro hacia afuera. Yo puedo motivar a alguien, pero es externo, es como decir «¡vamos, tú puedes!». Pero la inspiración es cuando alguien cambia debido a mi vida o mi mensaje. Hay que cambiar nuestra forma de pensar, encontremos una solución para un problema a la vez, y así seremos líderes que inspiran, no dejemos de iterar, de cambiar y renovar.

En Salmos 137.1–5 encontramos lo siguiente:

Junto a los ríos de Babilonia nos sentábamos y llorábamos al acordarnos de Sión. En los álamos que había en la ciudad colgábamos nuestras arpas. Allí, los que nos tenían cautivos nos pedían que entonáramos canciones; nuestros opresores nos pedían estar alegres; nos decían: «¡Cántennos un cántico de Sión!». ¿Cómo cantar las canciones del SEÑOR en una tierra extraña? Ah, Jerusalén, Jerusalén, si llegara yo a olvidarte, ¡que la mano derecha se me seque! (NVI)

Este pasaje habla de lo que sucede cuando el liderazgo es malo y el pueblo está cautivo. En estos versículos Israel fue llevado cautivo a Babilonia. En el Antiguo Testamento podemos observar siempre este patrón: cuando hubo un buen rey (buen liderazgo), el pueblo fue prosperado, bendecido; pero cuando hubo un mal rey (mal liderazgo), el pueblo fue castigado. Si usted es pastor o líder de una iglesia, su trabajo es sumamente importante porque hay un principio: como va el pastor, así van las ovejas.

Todos saben este principio (ley del tope): el pueblo no puede avanzar más allá de su líder. ¿Qué es lo que sucede cuando el liderazgo va mal? En Salmos 137 encontramos esta lección, cuando Israel fue cautivo por el mal liderazgo, el pueblo seguía a líderes que lo llevaban hacia otros dioses. El salmista habla de un pueblo que lloraba, que no podía cantar, que no podía soñar por causa de la cautividad. Entonces, pensemos un momento en estas preguntas basadas en dicho salmo:

1. ¿Qué es lo que a usted le hace llorar?

2. ¿Qué es lo que a usted le hace cantar?

3. ¿Qué es lo que a usted le hace soñar?

¿Qué le hace llorar? Hay muchas cosas que a mí me hacen llorar: ver hijos en una casa sin padres; ver niñas maltratadas, ultrajadas u obligadas a prostituirse; la injusticia; la pobreza. Esas cosas me hacen llorar. Al salmista David le hizo llorar que su pueblo estuviera cautivo. A Moisés le hizo llorar ver a su pueblo maltratado. Un día, Dios se le presentó en la zarza ardiente y le dijo a Moisés: «He oído el clamor de mi pueblo y he visto su sufrimiento» (Éxodo 3.7, paráfrasis). En otras palabras, lo que hizo llorar a Moisés, también hizo llorar a Dios.

¿Qué es lo que le hace llorar? Si a mí algo me hace llorar, ¿cuánto más le duele el corazón a Dios al ver personas maltratadas? Si a mí me duele ver hijos sin padres en las calles, ¿cuánto más le duele el corazón a Dios? La Biblia dice que Dios es justo y Él ama a los que hacen justicia. ¿Qué quiere decir la palabra justicia? Si la injusticia es un mal, justicia es corregir ese mal. Pongo un ejemplo: en Lima tenemos un Hogar de Niños, donde albergamos pequeños que han quedado huérfanos o han sido abandonados. Algunos de los niños han tenido una vida muy dura, y han visto cosas que ningún niño debe ver. Hay una niña, por ejemplo, que al morir sus padres, quedó bajo el cuidado de alguien en una casita en un pueblo pobre. Sin embargo, la persona que era «responsable» de ella la tenía encadenada a un mueble dentro de la casa. El mismo pueblo nos señalaba dónde estaba la niña y nos suplicaba: «Ayúdenla, por favor». Cuando la encontramos, la niña de ocho años estaba semidesnuda viviendo sobre la suciedad en el piso; ella había visto cosas que ninguna niña de ocho años debe ver. Era una gran injusticia, y aunque no podemos cambiar su pasado tan doloroso, sí pudimos cambiar su futuro; le dimos un hogar con mucho amor y la oportunidad de estudiar. La justicia es cuando ves un mal y haces algo al respecto para convertir este mal en un bien.

Hemos visto muchos casos en el Hogar de Niños, infantes que han visto a sus padres morir, inocentes que han sido abusados; el mundo está herido, lleno de injusticias: pobreza, ambición, hombres malos, etc.

Dios ama a los que hacen justicia, los que ven algo malo y hacen algo bueno al respecto, los que aman la justicia. No puedo cambiar el mundo, pero puedo cambiar la vida de uno. Eso es justicia.

¿Qué es lo que le hace cantar? Lo que a mí me hace cantar es ver vidas cambiadas, ver matrimonios restaurados, ver a Dios tomar la vida de alguien que el diablo quería destruir y cambiarla para un futuro diferente. No podemos cambiar el pasado de la gente, pero podemos cambiar su futuro. No tengo que cambiar a todo el mundo, pero sí puedo empezar con uno, y luego puedo seguir con uno más. ¿Tiene por qué cantar? ¿Hay algo que en su vida le haga cantar? ¿Qué es lo que llena su corazón? En el pasaje de Salmos, los opresores decían a los de Israel que les cantaran los cánticos de Sión, y ellos decían que solo podían hacerlo cuando estuvieran libres en su templo otra vez. A mí me hace cantar ver la iglesia florecer, y ver a Dios cambiando vidas. Tenemos muchas razones para cantar.

¿Qué es lo que le hace soñar? ¿Tiene un sueño? ¿Puede soñar con su futuro? Su visión es su futuro; si usted tiene una buena visión, tendrá un buen futuro. Si tiene una mala visión, tendrá un mal futuro, y si no tiene una visión, simplemente no tendrá futuro. La Biblia nos muestra que los que no tienen futuro siempre vuelven a su pasado. Hay mucha gente que vive en el pasado porque ya no tiene visión del futuro. A menudo, oímos que algunas personas dicen: «¡Ay, la iglesia fue mejor ayer!». Siempre recordamos los llamados «tiempos dorados» del pasado... Pero, una buena visión tiene un buen futuro. Les doy un ejemplo. Cuando los discípulos estaban con Jesús veían su futuro y estaban contentos; cuando estaban con Jesús, la gente fue sanada, multitudes fueron alimentadas, veían en Él un buen futuro; hasta que lo vieron morir. Cuando Cristo murió, su visión del futuro murió también con Él, y los discípulos se dijeron unos a otros: «Vamos a pescar...». ¿Qué eran antes de conocer a Cristo? Pescadores, y al perder la visión de su futuro, volvieron al pasado.

Lo mismo sucede en nuestras vidas; por ejemplo, cuando los jóvenes quieren casarse, vienen donde el pastor muy enamorados, con un futuro y la visión de una familia. Como están enamorados, se casan, pero con el tiempo pueden perder el encanto y la visión de su futuro, y cuando las parejas pierden su visión de futuro, quieren volver a su pasado, es decir, ser solteros. Lo mismo sucede con los cristianos. ¿Qué hace la gente cuando camina con Cristo? Nace de nuevo, tiene una nueva visión, piensa seguir a Cristo toda su vida; pero luego vienen las pruebas y las tentaciones, y algunos se desaniman, comienzan a pensar que estaban mejor antes de ser cristianos. El que no tiene visión del futuro siempre vuelve a su pasado.

Yo creo que los mejores días de la iglesia están por venir. Los mejores mensajes aún no han sido predicados, los mejores libros aún no han sido escritos y las mejores iglesias aún no han sido construidas, y yo quiero estar allí para verlo. ¿Qué es lo que te hace llorar? ¿Qué es lo que te hace cantar? ¿Qué es lo que te hace soñar? El pueblo de Israel no podía soñar porque estaba cautivo, y cuando uno está cautivo en el pecado ya no puede soñar. Cuando hay buenos líderes, la iglesia avanza. Jesús dijo: «La mies es mucha, mas los obreros pocos» (Mateo 9.37). Oremos para que Dios envíe más obreros. Más líderes.

CAPÍTULO 17
LIDERANDO EL CAMBIO

MIENTRAS LOS
HOMBRES BUSCAN
MEJORES MÉTODOS,
DIOS BUSCA
MEJORES HOMBRES

Me encanta ser un estudiante de la iglesia y seguir aprendiendo cómo hacerlo mejor.

Una de las cosas que observo es cómo los líderes de la iglesia siempre están buscando un nuevo método. La pregunta frecuente es: ¿cuál es el mejor método para hacer crecer mi iglesia? Vemos cómo los pastores van a una conferencia y vienen con un nuevo método para ayudar a crecer su iglesia; algunos han estudiado la iglesia en Corea y quieren hacer grupos pequeños como los que hacen allá; otros se han ido a Australia y cuando vuelven cantan las canciones y saltan como lo hacen los jóvenes en Australia; otros se van a Colombia y al regresar tienen doce personas a su lado, tal como lo hacen en Colombia; algunos se van a una conferencia y vuelven apóstoles o profetas, porque es el método que aprendieron y usan algunas iglesias. Observando en detalle, me di cuenta de esto: el mensaje no sale de los métodos, sino que el método sale del mensaje. Muchos han ingresado a un método sin mirar bien el mensaje o el fruto que va a producir este mensaje.

El mensaje siempre debe ser lo más importante, porque en el mensaje que llevamos hoy se encuentra la semilla que va a producir fruto mañana. Si es un buen mensaje, el fruto será bueno; buen fruto quiere decir: ver la iglesia sólida, fuerte y creciendo. Lastimosamente, he visto a muchos que siguen un «nuevo método» pero atado a un mensaje con algunos buenos resultados a corto plazo, que con el tiempo termina hiriendo o dividiendo la iglesia. Entonces, mientras el hombre busca mejores métodos, Dios sigue buscando mejores hombres.

¿Cuál es su mensaje? ¿Sabe qué es lo que usted quiere? ¿Sabe por qué quiere utilizar ese método? Quizás ha tomado tiempo y profundizado mucho en la pregunta: ¿cómo?... ¿Cómo lo hago?

¿Cómo cambio esto? ¿Cómo empiezo aquello? Y ha dejado de lado la pregunta más importante: ¿por qué? Muchas veces lo que más necesitamos no es saber ¿cómo?, sino entender ¿por qué? ¿Por qué me visto de esta forma? ¿Por qué llevo este título? ¿Por qué quiero hacer grupos pequeños? ¿Por qué no quiero hacerlo? Si Dios busca mejores líderes, entonces debemos esforzarnos y trabajar en nuestra capacidad de liderazgo. Jesús dijo en Mateo 16.18: «Edificaré mi iglesia», allí tenemos su promesa, Él hará esta obra, pero Él la hará junto con nosotros. Lo que Jesús desea es que hagamos nuestro mejor esfuerzo para su iglesia.

Un ejemplo, si usted toma dos granjeros y ambos tienen la misma oportunidad, pero uno de ellos aprende los principios de la siembra, estudia el terreno, entrevista a otros granjeros para hacer un buen trabajo, aprende acerca de cuáles son las semillas correctas y cómo sembrar en el tiempo ideal, es un estudiante diligente de cómo debe ser un granjero y aplica lo que aprende. Mientras que el otro granjero no hace nada para aprender a ser mejor, solo tira la semilla al campo y ora diciendo: «Dios, bendice mi cosecha». ¿Qué cree usted? ¿Cuál granjero tendrá la mayor cosecha? Obviamente el que estudió los principios y tomó el tiempo para aprender a ser mejor. Así como los granjeros, igual es con los líderes de la iglesia; hay ciertos principios que nos van a ayudar a edificar una iglesia más eficaz, hay principios de la Palabra de Dios que nos ayudarán a ser mejores líderes.

CÓMO LIDERAR EL CAMBIO

En Nehemías 2.17–18 tenemos algunos principios del liderazgo. Dice: «¡Reconstruyamos la muralla de Jerusalén y pongamos fin a esta desgracia!» (NTV). El corazón de Nehemías fue conmovido cuando vio la ciudad de Dios derrumbada y en decadencia ante el mundo; su anhelo fue poner fin a tal desgracia y dijo: «Reconstruyamos la muralla». Creo que todos nos hemos sentido alguna vez como Nehemías, tratando de reconstruir algo, pero ahora nos toca aprender de él y aplicar los principios de cómo liderar en medio del cambio. Si Nehemías no se hubiera levantado con valentía para liderar a su pueblo, su historia no sería conocida y su nombre no estaría en la Biblia; la única razón por la que encontramos a Nehemías en la Biblia es porque él lideró e inspiró a su pueblo para hacer los cambios que eran necesarios. Él sabía que su ciudad estaba en desgracia y quería hacer algo al respecto. ¿Por qué menciono esto? Porque todo pastor o líder debe estar preparado para hacer los cambios necesarios mientras lidera. Aquí es donde creo que hay algunos que están en confusión, pues piensan que hacer lo mismo de siempre, con la misma gente, cada semana, cada mes, cada año, es liderazgo, pero están equivocados, eso es simplemente administrar.

Entonces, ¿cuál es la definición de líder? El líder introduce, influye e inspira a las personas hacia un cambio. El líder genera cambio constante.

EL LÍDER INTRODUCE, INFLUYE E INSPIRA A LAS PERSONAS HACIA UN CAMBIO. EL LÍDER GENERA CAMBIO CONSTANTE

Cuando hablamos de liderazgo cristiano, ¿acaso este no se inicia cuando invitamos a la gente a cambiar entregando su vida a Cristo? Entonces parte de lo que hacemos es liderar a las personas hacia un cambio, y a esto le llamamos evangelismo, o compartir nuestra fe. En otras palabras, con el ejemplo de nuestra vida (liderazgo) ayudamos a las personas a poner su fe en Jesús para que Dios haga un cambio en ellas.

Los líderes siempre llevan a las personas hacia un cambio positivo en sus vidas. Es posible ser un pastor y no ser líder; oficialmente puede tener el puesto y el título de pastor, y mantener la iglesia igual que siempre sin generar ningún cambio en ella. Los servicios siguen siendo igual, la iglesia sigue igual, sin alcanzar a nuevas personas, sin hacerlas crecer espiritualmente y sin avanzar. Esto no se llama liderar, esto se llama pastorear; y es cierto que Dios nos llama a pastorear, porque Él ama a la gente, Él ama cuando cuidamos a las personas en la iglesia y cuando nos preocupamos por las necesidades de ellas; pero, pastor, si en verdad usted quiere ver florecer a las personas en su iglesia, las tiene que ayudar a moverse hacia adelante, ver que sigan avanzando y que se produzcan cambios en sus vidas. No hay nada más emocionante que ver cambios en la vida de alguien y reconocer que se ha tenido parte en la mejora de esa familia o de esas personas.

Nehemías cuidó a las personas que estaban a su cargo, y también las lideró para que hicieran los cambios necesarios. De igual forma, Dios nos llama a cuidar a las personas, pero además desea que las ayudemos a tener a una vida mejor.

Si preguntamos: ¿cuántos quieren tener un corazón pastoral más grande? o ¿cuántos quieren que su habilidad de pastor crezca?, encontraremos que todos lo anhelan, pero para lograrlo solo tenemos que amar más a la gente, cuidar bien de ella y hacer que crezcan cada día más.

Aquí viene otra pregunta: ¿cuántos quieren ser un mejor pastor, y además ser un mejor líder? Salmos 72 dice que David lideró a Israel con integridad de corazón y con la integridad de sus manos. Aquí podemos aprender dos cosas: David no solo buscó tener un buen corazón, sino que además desarrolló habilidades específicas que le ayudaron a construir una nación. Conozco a muchos pastores con un buen corazón, pero cuya habilidad para liderar no ha crecido.

¿Cómo podemos ser mejores líderes? ¿Cómo podemos desarrollar las habilidades que Dios ha puesto en nuestras manos? Quiero compartir al menos diez ingredientes necesarios que todo líder eficaz debe tener. Recuerde que mientras el hombre busca mejores métodos, Dios busca mejores hombres:

1. Una buena visión. Si no tiene una buena visión no va a conducir a ningún lado a las personas. ¡Una visión no es algo complicado! Yo recuerdo que hubo un tiempo en el que algunos pensaban que para tener una visión se debía recibir la visita de un ángel o una revelación a través de un sueño. Algunos piensan que deben ser llevados al cielo como Juan, o gritar muchas veces: «¡Señor, dame una visión, dame un visión!», pero la verdad es que tener una visión no es tan complicado, es más sencillo de lo que se cree, solo necesita hacerse las preguntas correctas. ¿Cómo es la iglesia que usted ve? Piense de aquí a cinco o diez años o más, ¿Cómo es la iglesia que desearía tener? ¿A qué tipo de personas quiere alcanzar? ¿Cuál es la atmósfera que desea tener dentro de la iglesia cuando las personas entren? ¿Quiere que el ambiente sea como un servicio fúnebre o un lugar alegre? ¿Desea que en la iglesia se mantenga siempre un ambiente de fiesta? ¿Desea que el que entre en la iglesia se sienta bienvenido? ¿Desea que la persona que visita por primera vez la iglesia se sienta cálidamente recibida? ¿Desea que sea una iglesia donde el pastor haga todo o donde haya un ejército de voluntarios para apoyar la obra de Cristo?

Tener o desarrollar una visión realmente no es muy complejo. Nehemías no tuvo que orar mucho tiempo por una visión, él no dijo: «Envíame a Gabriel, llévame al cielo o muéstrame una visión». ¿Sabe cómo Nehemías recibió su visión? Cuando alguien le dijo: «Los muros de Jerusalén han caído», y Nehemías simplemente respondió: «Esto no me gusta, esos muros se deben levantar otra vez». Así es como Nehemías tuvo una visión: muros caídos deberían ser levantados. Entonces, eliminen de su mente la idea «súper espiritual» de clamar diciendo: «¡Oh! Dios, tienes que bajar, toma mis manos, sacúdeme». Una visión es sencilla: ¿cómo ve su iglesia? ¿Cómo sería una iglesia atractiva e irresistible? Es decir, cómo lograr que una persona que viene por primera vez diga: «Esto es lo que necesitaba». Recuerde, no puede liderar a nadie si no sabe a dónde va, si no sabe a dónde está apuntando su iglesia. Así no puede llevar a la gente hacia su futuro, y sin visión la gente perece; si el líder no tiene una visión, las personas no van a llegar al destino que Dios tiene para ellas.

2. Evalúe su vida ahora. Es decir, mire bien dónde está. ¿Por qué es importante esto? Porque debemos saber dónde estamos comenzando para poder mapear a dónde queremos ir. Si no sabe dónde está en el mapa será difícil discernir a dónde va a llegar, es como entrar a un gran centro comercial, si quiere ir a una tienda específica, debe buscar un mapa que le muestre dónde está, y dónde quiere llegar, o preguntar a alguien que lo sepa. Ahora, si desea tener una iglesia que sea más amigable, que quiere más jóvenes o alabanzas más dinámicas, debe empezar haciéndose una pregunta muy importante: ¿dónde estoy ahora? Esta es una pregunta que me hago muy seguido, aunque resulta incómodo hacerla, porque a veces la respuesta puede llegar a doler. Detenernos y preguntarnos ¿dónde estoy? nos obliga a ser honestos con nosotros mismos, y esto no es tarea fácil, no es fácil ser honesto con uno mismo. A veces es más fácil decir: «no, estoy bien, todo está bien»: pero cuando somos honestos y reconocemos que necesitamos cambiar, tenemos la oportunidad de mejorar nuestras vidas, nuestro liderazgo y nuestra iglesia. Podemos ser mejores.

¿Por qué parar y evaluar dónde estamos? Le doy un dato que le puede interesar. Se dice que entre el ocho y nueve por ciento de los que visitan la iglesia por primera vez, terminan plantados en ella; en nuestra iglesia esa fue la realidad por mucho tiempo, y hasta me dije que era bíblico, tomando como base la parábola del sembrador, argumentaba que como el veinticinco por ciento fue buena tierra, y que de ese veinticinco por ciento, un tercio produjo al 30 x 1, un tercio produjo al 60 x 1 y el último tercio produjo al 100 x 1. Eso me daba como resultado que entre el ocho y nueve por ciento de cada cien por ciento van a producir al 100 x 1.

Pero luego escuché de algunas iglesias donde el veinticinco por ciento de los que la visitan se quedan, y de nuevo me hizo analizar dónde estoy y tuve que tomar una vez más una decisión difícil, ¿conformarme con lo que estoy logrando o realizar los cambios para retener a más de los que nos visitan?, y después de mucho trabajo y cambios nuestra iglesia llegó a captar al veinticinco por ciento de los que nos visitan.

Ahora, he visto a otra iglesia que capta el sesenta y dos por ciento, y me vuelvo a preguntar: ¿dónde estoy? Y me doy cuenta de que hay para crecer más. Aquí viene esta parte hermosa cuando se sabe dónde uno está y puede ver a dónde quiere llegar. Cuando descubra sus problemas puede empezar a trabajar en las soluciones, no puede arreglar nada si no sabe lo que está mal. No se intimide por sus debilidades, cada iglesia las tiene, no existe una iglesia perfecta. Entonces, todos podemos decir ¿dónde estamos? para continuar mejorando.

3. La palabra convicción. Su convicción debe estar conectada a su visión. Cuando está convencido de que la visión que está persiguiendo complace y honra a Dios, y que no está en ella por un ego propio sino que está pensando en beneficiar a otros. Si anhela construir una iglesia sana, todo lo sano crece. Ahora, las iglesias crecen a diferentes ritmos, pasos y en diferentes tamaños. Las

iglesias no van a crecer todas al mismo nivel ni todas ellas van a ser del mismo tamaño. Podemos decir: «Pero esto no vale, ¡no es justo! ¿Por qué él tiene que ser más alto que yo si ambos somos hombres igualmente sanos? ¡No es justo!, aunque quiera crecer más, ¡no puedo!». Al igual que las personas tienen diferentes tallas, también en las iglesia hay diferentes tallas. Entonces, no se trata de cuán grande o pequeña es su congregación, el asunto es si es sana o no; más que preocuparse por tener una iglesia grande, preocúpese por tener una iglesia saludable.

Yo tengo dos hijos, mi hijo Taylor y mi hija Jenna. Taylor, por el ADN que viene del lado de mi suegro, es bien alto, él mide casi dos metros; en cambio mi hija tomó el ADN de mi lado y no es tan alta. Yo no puedo decir a mi hija «estírate, estírate, estírate más; crece, crece, crece», porque ya llegó a la talla que Dios quería para ella. No puedo cambiar la altura que alcanzaron mis hijos, pero sí puedo preocuparme por su salud en cada paso o etapa de sus vidas. Entonces, cuando hablo de convicción, estoy diciendo que debe estar convencido de lo que va a hacer; convencido en su corazón de la visión que tiene para ayudar a que las personas crezcan saludables. Permita que Dios se encargue del resto.

4. Escriba su visión. Yo creo en escribir las cosas. Recuerdo que el doctor Edwin Louis Cole siempre repetía esta frase: «Si no está escrito, no existe». Cuando usted escribe la visión, por el hecho de estar escrita sobre una hoja de papel, le ayudará a ver hacia dónde apunta su vida, le ayudará a mantenerse en el camino por el que debe transitar y también le traerá una fuerte convicción. Ahora, cuando escriba su visión no tiene que anunciarla a todo el mundo. No todos tienen que ver todo lo que hay en su corazón, es decir, no tiene que pegarlo en la pared de la iglesia y anunciar: «Venga, venga todo el mundo, vea mi visión». Lo que este papel representa para mí es un mapa para mi vida. Ahora bien, esto no es solo para los líderes principales en la iglesia, es algo bueno para todos los líderes en las diferentes áreas del ministerio; por ejemplo, los que supervisan el trabajo con niños deben tener una visión escrita en papel que explique lo que quieren alcanzar con esos niños, y la visión escrita debe ajustarse con la visión de la casa o del pastor. Cuando hablo de la visión de los niños, me estoy refiriendo a los sueños de lo que podemos lograr con ellos; lo mismo con los jóvenes, hombres, matrimonios, o con el trabajo de misiones fuera de la iglesia local. Si alguien tiene una visión distinta a la visión del pastor, se va a frustrar, es decir, si el líder de alabanza tiene una visión para su vida personal, utilizando la iglesia para alcanzar su propia visión, en algún momento va a causar una división —recuerde, di en latín significa dos, y división es cuando hay dos visiones—; ajustemos nuestra visión a lo que llamamos la visión de la casa, y andemos en unidad, porque en unidad es donde Dios envía bendición y vida eterna.

5. Hable el lenguaje de la visión. ¿Qué quiere decir esto? Debemos inspirar a las personas con esperanza. Todos los que entran por las puertas de la iglesia cada semana, quizá enfrentando problemas y dificultades, deberían salir con esperanza para sus vidas, para sus familias y para sus hijos. Cuando el líder sabe dar esperanza, cuando el líder les ayuda a liderar el cambio diciendo: «Vamos juntos a otro lugar mejor, Dios nos va a ayudar», está cumpliendo con el propósito que Dios tiene para sus vidas.

Una de las responsabilidades del liderazgo de la iglesia es ayudar a las personas a encontrar su propósito en la vida, y aunque el mundo se torne complicado y las personas vivan circunstancias difíciles, Dios nos ayuda a traspasar esas dificultades, y cuando las personas experimentan el poder de Dios, tienen una plataforma para decir a otros: «Hay esperanza». Hablo de esperanza porque hay una visión en mi corazón, tengo una convicción: estoy convencido en lo más profundo de mi ser de que lo mejor está por venir, los mejores días de la iglesia de Jesucristo están por delante. Recuerde Isaías 2.2, Isaías profetizó que en los últimos días la iglesia de Jesucristo será la atracción más grande del mundo y todos correrán hacia ella porque allí Dios nos enseñará a caminar en sus caminos. Los mejores días de la iglesia no están detrás de nosotros, están por delante.

Me encanta estudiar los movimientos de Dios a través de la historia, cómo ha movido y tocado iglesias, ciudades y hasta naciones; pero no quiero volver al pasado. Eso fue algo para aquellos días y fue una etapa gloriosa en la historia de la iglesia, increíble para estudiar cómo Dios usó a hombres y mujeres para traer cambio. Pero yo siento que todos ellos han preparado el camino para nuestra generación; hoy nos toca a nosotros preparar el camino para nuestros hijos y nietos, nos toca posicionar a nuestros hijos para el éxito. La iglesia no está muriendo, la iglesia está viva y sana, no volvamos atrás, vayamos adelante.

6. Desarrolle relaciones y amigos, porque esto le ayudará a cumplir su visión. En otras palabras, rodéese de gente amigable si desea que su iglesia sea amigable. Y si usted quiere que su iglesia sea más amigable, visite las iglesias más amigables que conozca, vaya con ellos y aprenda de ellos. Si desea que su iglesia mejore con la música y las alabanzas, visite iglesias que alaban a Dios de la manera que le gustaría tener en su propia iglesia, aprenda de ellos. ¿Por qué? Porque todos nosotros requerimos ayuda. No tema buscar iglesias que pueda copiar. Muchas de las mejores cosas que hemos hecho en nuestra iglesia es porque antes lo vi en otras iglesias que me inspiraron, y lo copié, lo apliqué en nuestra iglesia. Algunos dicen: «¡Ay, cómo el pastor puede copiar otras iglesias!». A eso no lo llamo copiar, lo llamo aprender; copiar es una parte natural de la vida. ¿Recuerda cuando estaba en primer grado y su profesor le enseñaba a escribir? Le daban papeles con letras ya puestas y tenía que tomar su lápiz y copiar cada letra para aprender a escribir. ¿Recuerda? Entonces usted es un copión. ¿Recuerda cuando aprendió a manejar bicicleta por primera vez? Quizás tenía ocho o nueve años. ¿Cómo aprendió? Usted no puede decir: «¡No voy a copiar a nadie!, voy a hacerlo a mi manera». ¡NO!, usted encontró a una persona que sabía manejar bicicleta, la observó y permitió que alguien lo guiara, lo empujara, hasta que se dio cuenta de que estaba manejando su bicicleta solo. Copiar es un proceso natural de aprendizaje, por esto, visitar otras iglesias y aprender de ellas es una buena manera de implementar la visión que Dios le ha dado. Quiero ayudarle hoy: copie todo lo que vaya en la línea de su visión.

7. Empiece con los líderes que tiene. Encuentre a las personas en su iglesia que estén dispuestas a aprender, quienes tengan entusiasmo acerca de las cosas de Dios y acerca de su llamado, entrénelas y utilícelas para el Reino de Dios. Un secreto para crecer es: busque a los que ya tienen influencia en su iglesia y úselos. Influencie a los influenciadores. ¿Cómo es esto? Hay personas que por naturaleza son tímidas y hay otras que por naturaleza tienen un carisma natural, son amables, y aunque son nuevos cristianos es obvio que tienen cierta influencia. A la gente le gusta estar al lado de ese tipo de personas. Busque a las personas que en una forma natural agrupan a otras personas y tenga un tiempo de entrenamiento y discipulado con ellas.

Algunos pueden decir: «¡Pero pastor!, ¿no debemos tratar a todos por igual?». Sí, pero recuerde el punto anterior, todos no son del mismo tamaño, igualmente no todos tenemos el mismo llamado o capacidad de influencia. Un día John Maxwell me dijo: «No trates a las personas como damas» (refiriéndose al juego de mesa, donde cada pieza tiene el mismo valor). «Trata a las personas como piezas de ajedrez, úsalas conforme a sus habilidades y protege las piezas de mayor influencia». Esta verdad le ayudará a cumplir su visión. No es que la gente tímida o con menos influencia no tenga valor, sí lo tiene, y mucho. Pero quizá ellos mismos estarían incómodos si los pone en un lugar de mayor influencia. Úselos donde su talento florezca; pero tome el tiempo de buscar a los que tienen influencia, e influencie a los influenciadores.

8. Liderar es traer cambio. Empiece a hacer cambios en una forma deliberada, no tenga temor en probar cosas diferentes, si está acostumbrado a hacer todo de una misma manera siempre. ¿Por qué no intenta hacerlo de otra manera? Si la plataforma siempre fue armada de una forma, ármela de otra; no tema hacer cambios. Algunos pueden decir: ¡uy, pero qué va a decir la gente! Fácil, lo que van a pensar es que está haciendo cambios, probablemente hay muchos que ya están diciendo que nada cambia en la iglesia. Conozco algunas iglesias donde si usted toma una foto del altar hoy y la compara con una foto de hace veinte años, nada ha cambiado, nadie podría ver la diferencia. El cambio es natural en la vida, si yo tomo una foto de usted de hace veinte años y la comparo con una foto suya hoy, ¿se verá igual? Yo creo que será más guapo hoy.

9. Sea paciente. Cuando hablamos de liderar en tiempos de cambios, recuerde que el cambio no viene de la noche a la mañana. Hace unos años, yo tuve que renovar mi visión, y enseguida la visión de la iglesia, porque me di cuenta de que los niños de nuestra congregación habían crecido y ahora eran jóvenes, y para alcanzar a la próxima generación tuve que hacer ajustes en nuestra congregación. Hubo un tiempo en mi vida que yo era un líder de jóvenes, siempre me invitaron a predicar en campamentos de jóvenes y conferencias para jóvenes. Un día tuve un shock cuando vi que ya no me invitaban a conferencias ni campamentos de jóvenes, sino que me estaban invitando a retiros de matrimonios y conferencias sobre la familia; en mi mente yo seguía siendo joven, pero en verdad el espejo me dijo algo diferente. Tuve que analizar métodos y fórmulas, y tomar un tiempo para estudiar en otras iglesias cuáles eran las necesidades y los conflictos de los jóvenes de hoy, para alcanzarlos mejor. Sea paciente porque todavía no hemos llegado a donde queremos estar, pero hemos avanzado. Es paso a paso, pero pacientemente.

10. Sea persistente. Recuerde que la vida se construye paso a paso. Cuando vea en su corazón la iglesia que Dios le ha llamado a pastorear, siempre será paso a paso. Disfrute de cada etapa de la iglesia. Si la iglesia es nueva o recién está empezando, disfrute los días en los que cada persona va llegando para formar parte de la familia de Dios. Si la iglesia está establecida con mayor número, disfrute de lo que puede alcanzar en su comunidad para influenciarla, o para influenciar la ciudad donde está. Recuerde que Nehemías no se detuvo en construir el muro hasta que todos los muros fueron reconstruidos.

Conviértase en un líder de cambio.

CAPÍTULO 18
EL MOMENTO POPEYE

SABER CUÁNDO ES NECESARIO CAMBIAR

Bill Hybels, de la iglesia Willow Creek, en uno de sus mensajes, que además relata en su libro *Divina insatisfacción*, habla acerca de Popeye.

En el libro de Éxodo vemos una lección de liderazgo y tolerancia. Moisés seguía a Dios, y cuando vio a su pueblo ser maltratado mató a un egipcio y tuvo que esconderse por cuarenta años en el desierto. Cuando Dios lo llama de nuevo le dice que Él también veía el maltrato de su pueblo. Lo que Moisés dijo en el desierto fue: «Es injusto, tengo que hacer algo», y Dios dijo: «Es injusto, quiero que hagas algo para cambiar esto». Bill Hybels llama a esto «el momento Popeye», el preciso momento en que estamos hartos de algo que anda mal.

Todos conocemos la famosa caricatura de Popeye el marino. Él tenía una novia, Olivia, y detrás de ella siempre estaba un hombre que le hacía daño, que la amarraba o la colgaba de precipicios porque ella no le hacía caso. Su nombre era Bruto. En cada capítulo, al inicio Popeye no hace nada, o es derrotado fácilmente por Bruto, hasta que llega un momento en que se harta y dice una frase parecida a esta (en el idioma original): «¡Es todo lo que aguanto y no aguanto más!». Cuando él dice esto come sus espinacas y recibe una gran fuerza en sus brazos que le hacen vencer con facilidad a Bruto.

Muchas veces nosotros necesitamos un «momento Popeye» en nuestras vidas. ¿Qué cosas son las que nos hacen decir «esto no debe ser así», «por qué nadie hace nada al respecto», «esto es injusto»? Recuerden, lo que hace doler nuestro corazón, hace doler el corazón de Dios también.

Es en esos momentos cuando Dios quiere que hagamos algo por Él. Moisés tuvo su momento Popeye, pero cuando por fin dijo «haré algo», le faltaba entrenamiento, por lo cual tuvo que ir al otro lado del desierto para aprender humildad. ¿Recuerdas los tres tiempos de Moisés? Los primeros cuarenta años de su vida, él era hijo de la hija del faraón, tenía riquezas y era muy poderoso e influyente en Egipto. En la segunda etapa de su vida ya no era nadie, solo pastaba ovejas al otro lado del desierto; en Éxodo 3.11 él dijo: «¿Quién soy yo?». Y luego, en la última parte de su vida, Dios lo usó para traer libertad a sus hermanos en Israel. Muchas veces nosotros tenemos que llegar al punto de decir: «No soy yo, es Él» o «quiero hacer algo pero necesito a Dios». Es ahí donde Moisés veía lo que Dios podía hacer con «un nadie».

Quizás nos preocupa el cómo. ¿Cómo lo puedo hacer, si soy «un nadie»? Es la misma pregunta de María cuando se le apareció el ángel: «¿Cómo será esto?» (Lucas 1,34); o la de Abraham cuando Dios le prometió descendencia aun en su vejez: «¿Cómo podría yo ser padre a la edad de cien años?» (Génesis 17.17, NTV). La primera pregunta que se hicieron fue: ¿cómo? La respuesta es: «Yo soy el Dios eterno y estaré contigo». Ese mismo Dios que estuvo con María y con Moisés está con nosotros, y si lo hizo antes, lo hará muchas otras veces.

¿Alguna vez ha tenido un momento Popeye? ¿Alguna vez ha visto algo que le hartó? O ha dicho: ¿por qué nadie hace algo al respecto? Puede ser que Dios esté diciendo: ¿quién irá? ¿A quién enviaré? Puede que nosotros digamos: no sé, pero envía a alguien rápido. ¿Y qué pasa si ese alguien es usted?

Cristo tiene una tarea para usted, pero usted tiene que poner de su parte, estar dispuesto a sacrificios, y así verá lo que Dios hará por y a través de usted. Mientras va caminando, recuerde: «Atrás está el desierto, adelante la promesa». Solo piense bien, ¿quiere volver a la iglesia de ayer? ¿O quiere ver la iglesia que Dios y probablemente usted ha soñado tener en su corazón? Yo no quiero regresar a mi vida de antes ni a la iglesia de ayer. Estoy emocionado por lo que viene por delante. Quiero vivir en la tierra prometida y no en el desierto. ¿Y usted? ¿Dónde desea vivir?

Recuerde a Israel cuando enviaron a los doce espías a ver el futuro (la tierra prometida), todos volvieron afirmando que era una tierra buena y fructífera, pero había un problema: como era buena todos querían vivir allí. Había gigantes que querían vivir allí, ¡todo el mundo quería vivir allí!

El futuro que Dios tiene para usted es la tierra de la promesa. Esto dice la Biblia, todos querían estar allí y para lograrlo tenían que vencer a algunos enemigos. Diez de los doce espías dijeron: «No, no podemos entrar, mejor estamos en nuestro país (Egipto) o aquí en el desierto» (Números 14.4, paráfrasis). Recuerde, la tierra prometida era buena y fértil, ¡nadie quería el desierto! ¡No había nadie allí! El diablo quiere que vivamos en un lugar donde nadie quiere estar, Dios quiere que vivamos en un lugar donde todos quieren estar. Entonces, ¿Qué es lo que quiere usted para su futuro? ¿Cuál es su visión? ¿Avanzar hacia la promesa que Dios tiene por delante o quedarse pensando en los viejos buenos tiempos?

CAPÍTULO 19
POSICIONADOS PARA POSEER

EL PASADO YA FUE, MIREMOS SIEMPRE ADELANTE

Todos conocemos la historia de Israel: Moisés murió y el pueblo se lamentaba de la muerte de un líder tan grande y tan importante, lamentaba la muerte de su pastor, su libertador, y había mucho dolor en el corazón del pueblo. Pero Dios surge en esta escena y parece como si se estuviera burlando de Josué, el nuevo líder. El Señor le dice algo que todos sabían: «Josué, Moisés ha muerto». Josué fue el asistente de Moisés y él estaba llorando con mucho lamento, estaba confundido porque su líder ya no estaba y él no sabía qué hacer o cómo ir hacia la promesa que Dios le había dado.

Hay que entender algo, en la cultura de Israel el tiempo de lamento era de treinta días, tenían treinta días para llorar a un muerto, y ¿cuándo es que Dios se aparece a Josué? Treinta días después. Lo que Dios está diciendo es: «Josué, sé que tienes dolor, sé que estás confundido, pero ya pasó el tiempo de enfocarte en el pasado, levántate ahora porque como estuve con Moisés estaré contigo, quiero que entres en la tierra que he preparado, la tierra que yo prometí. Josué, Moisés está muerto, déjate de lamentarlo, ya pasó su tiempo, ahora es tiempo de que tú te levantes, porque tú vas a repartir a este pueblo la herencia que yo le prometí».

Esta es una gran lección de liderazgo, Josué ya era un hombre de edad avanzada, estaba en la edad donde muchos piensan en jubilarse y seguía lamentando la muerte de su líder, su amigo, su guía y su mentor. Por eso Dios le dice: «Yo prometí a este pueblo una herencia, levántate por ellos, tú vas a repartirles esta herencia». Muchas de las peleas de nuestra vida no son para nuestro beneficio, son para ellos. ¿Ha identificado quiénes son los «ellos» en su vida? Ellos pueden ser sus hijos, sus nietos; ellos pueden ser sus vecinos o los amigos que encuentra en el mercado, ellos tienen una promesa y una herencia que Dios quiere darles, pelee por ellos. Muchas batallas que peleamos en nuestra vida son por ellos. El problema es que en la tierra prometida había gigantes, a veces nosotros tenemos que enfrentar gigantes por ellos; el gigante puede ser este edificio que tiene que construir, el gigante puede ser esta adicción que tiene que vencer; pelee por ellos.

Ahora observe lo siguiente, los gigantes estaban en la tierra prometida. No había gigantes en Egipto, no había gigantes en el desierto, solo en la tierra prometida. ¿Qué quiere decir esto? Si está enfrentando un gigante en su vida, felicitaciones, está cerca de su promesa. Los gigantes están donde Dios quiere que usted llegue, ellos tienen una herencia que usted debe arrebatar.

El pueblo de Israel todavía estaba enfocado en el pasado, pero el pasado ya había sido, ellos estaban pensando en los buenos viejos tiempos, en los tiempos pasados, con Moisés. ¿Cómo podrían avanzar ahora sin Moisés? ¿Cómo podrían hablar con Dios? ¿No era Moisés quien hablaba a Dios por ellos? De repente sentían que ahora estaban separados de Dios y no podrían ir adelante... y de pronto Dios le dijo a la siguiente generación: Josué, «como estuve con Moisés, estaré contigo» (Josué 1.5). Dios le habló: «Vamos, el tiempo de lamentarse ya pasó, deja atrás lo que hay que dejar atrás. Yo no te dejaré, tus mejores días están por delante, no sigas enfocado en lo que fue».

Muchas veces en nuestra vida nos aferramos a las cosas del pasado o cosas muertas, no miramos hacia adelante y por eso no entramos en las promesas que Dios tiene para nosotros. Moisés representa en esta historia algo que pasó, algo que ha dejado de existir. Fue una gran puerta de oportunidad pero ya se cerró, para muchos puede ser un sueño que no se hizo realidad, pero Dios hoy tiene un nuevo sueño. Quizá usted siga aferrándose al sueño de ayer, y Dios está diciendo: «¡Levántate!, confía en mí, sigue adelante, lo mejor está por allí». La verdad es que lo que Dios tiene por delante es mucho mejor de lo que uno puede imaginar, es más de lo que se pide. Solo seamos fuertes y valientes.

Cuando uno se aferra a una parte de su vida que debe dejar atrás, lo que está haciendo es limitándose para avanzar; no se puede ir hacia delante si se está enfocado en algo que ya está muerto. Pasó el tiempo de lamentar el pasado o enfocarse en el pasado, en lo que ya fue. Quizás Israel estaba pensando: «Qué días gloriosos fueron estos, y no nos dimos cuenta hasta que se fueron, cuando Dios hablaba directamente con nuestro líder, y no supimos apreciarlo, cuando vimos los milagros, cuando la ropa no se desgastó por cuarenta años y disfrutábamos del maná que caía del cielo cada día, era realmente milagroso». Estaban pensando en los días gloriosos de ayer, pero ahora Dios le está diciendo a Josué: «He preparado algo nuevo para ti, ya no nos enfoquemos en ayer, porque lo que tengo para ti por delante es mucho mejor». Cuando nos enfocamos en lo que está muerto hay ciertas cosas que suceden en nuestra vida. Sobre esto voy a señalar tres puntos que pueden ayudar a entenderlo mejor:

1. Cargando muertos.

Cuando algo está muerto, cuesta seguir cargándolo. Es fácil caminar al lado de alguien cuando está lleno de vida, pero cuando ya no hay vida, no podemos seguir caminando con él, es muy difícil cargar algo muerto, es difícil caminar hacia adelante si ya no hay vida en ello. Y si no hay vida, no hay energía, no hay propósito; si yo quiero entrar en el futuro y a lo que Dios tiene para mí, tengo que soltar lo que está muerto, lo que funcionó pero ya no funciona, dejar lo que fue y poner mi mirada en Cristo, en Él hay vida, Él me va a mostrar un nuevo camino hacia adelante. Si sigue tratando de cargar un muerto, esto le va a limitar en la vida, se va a cansar, llegará a perder energía y su vitalidad, si pasa mucho tiempo cargando un muerto, se quedará decepcionado porque llevar ese peso siempre le va a limitar en el desarrollo de todo lo que Dios tiene para usted.

Dios quiere producir cambios en nosotros. Si Dios quiere producir un cambio en su iglesia y usted sigue tratando de hacerlo como ayer, terminará en confusión y cansado, especialmente si trata de resucitar programas antiguos que tuvieron éxito en el pasado pero que no funcionan en esta nueva generación. Es difícil resucitar algo del pasado para llevar la iglesia hacia adelante, esto limita la vida que Dios desea que tenga cuando esté en la tierra prometida. ¿Por qué dejar atrás lo que está atrás? Porque Dios está con usted, no lo ha dejado, no lo dejará, no lo desamparará; Dios recién está comenzando, no importa la edad que tenga, deje atrás lo que es de ayer y vaya hacia adelante. En otras palabras, Dios está diciendo:

«Deja de lamentarte por los días gloriosos de ayer, sigue la promesa que yo tengo para ti, es fresca, es nueva y llena de alegría, te va a gustar».

2. Nadie quiere estar donde hay algo muerto. Cuando algo muere empieza a descomponerse, el cuerpo se desintegra y produce olores muy fuertes ¿Alguna vez ha tenido que sacar un ratón muerto que encontró en la casa? No es nada agradable ver los gusanos que salen de sus ojos, ¡es terrible! El olor de un muerto es difícil de soportar, cuesta acercarse donde hay algo muerto; esta es una imagen fuerte, pero lo mismo puede suceder en la iglesia donde estamos guardando fórmulas de ayer. Tradición es siempre tradición. Lo dije antes, cuando muchos me decían «la iglesia en Europa está muerta, la iglesia en Japón está muerta»; vemos que hay pastores con fresca visión y hacen las cosas de una manera diferente y sus iglesias crecen. Recuerde, la gente no rechaza a Jesús pero sí rechaza la tradición muerta. Si está cargando algo muerto en su vida, esa puede ser la razón por la que no está funcionando su evangelismo. Nadie quiere estar donde hay algo muerto. Si algo no tiene vida, Jesús dijo: «Córtalo para que produzca más fruto». Si no está funcionando y no ha funcionado en años, es tiempo de ir hacia adelante.

3. No pensemos que los mejores días están atrás. El pueblo de Israel estaba reflexionando en lo que fue Moisés, cómo fue su liderazgo, cómo Dios habló con Moisés; no se dieron cuenta de que algo nuevo estaba por llegar, Dios estaba diciendo: «Tienen que fortalecerse y ser valientes, y tienen que caminar en este camino que he preparado para ustedes». Con el liderazgo de Moisés, el pueblo seguía la nube que Dios envió en el desierto; si no se movía la nube, el pueblo tenía que esperar. Ahora, Moisés estaba muerto y la forma en que operó también dejó de existir. Luego, Dios le dijo a Josué: «Camina por un camino que yo he preparado». Con Moisés se movían cuando la nube se movía, después Dios dijo: «Dondequiera que ustedes vayan yo iré con ustedes». En el desierto ellos iban con Dios, ahora Dios irá con ellos. Él le dijo a Josué: «Donde pongas la planta de tus pies será tuya; la vieja forma de operar que murió con Moisés en el desierto ya terminó, ahora cuando entren en esta tierra de promesa, los acompañaré y los guiaré».

Muchos siguen viviendo en una forma antigua, es decir, están esperando que Dios se mueva para poder moverse, pero hoy día vivimos bajo un nuevo pacto, bajo una nueva promesa donde el Espíritu Santo está dentro de cada uno de nosotros, hoy día llevamos a Dios dondequiera que vayamos. Dios nos dijo: «Por tanto, id, y haced discípulos a todas las naciones» (Mateo 28.19). Dios está con nosotros hasta lo último de la tierra.

Ahora bien, sí es importante honrar el pasado, pero también es necesario planificar hoy y confiar en Dios para mañana. Dios estaba diciendo a su pueblo: «Prepárense, van a cruzar el río Jordán, tengo una promesa». Es interesante porque este es el mismo río Jordán y el mismo lugar donde Jesús fue bautizado. ¿Qué quiere decir nuestro bautismo en Cristo? Nuestro bautismo en Cristo quiere decir que la vieja forma de vivir quedó atrás, cuando salimos de las aguas del bautismo ya poseemos una nueva vida; entonces, el río Jordán para Israel fue simbólico, tanto del bautismo de Jesús como de nosotros. Las aguas pasan dejando atrás lo que está atrás, la tierra prometida es lo que está por delante, hay más para nosotros, Dios ya preparó el camino. No estoy diciendo que hay que buscar el propio camino, Dios ya tiene todo preparado, solo caminemos en ese camino.

Veamos lo que Dios dice en Josué 1.5: «Estaré contigo; no te dejaré, ni te abandonaré» (NTV). Son las mismas palabras de Jesús en Mateo 28.20. Hoy día, Dios va con usted. ¿Está cansado? ¿Siente que su fe se está apagando? Puede ser porque está tratando de cargar algo muerto, algo que es tiempo de dejar. Ve hoy a su lado personas que no estaban antes, siente que hay personas que ya no quieren caminar a su lado, quizás porque está cargando algo muerto. ¿Piensa que los mejores días están atrás, que Dios ya no se mueve más en su vida? De repente es porque sigue aferrado a algo muerto; cada día Dios tiene algo nuevo para usted, nueva es cada mañana su misericordia, Él tiene nuevas victorias, nueva fuerza y nuevos niveles; hay un terreno que Él tiene preparado para usted y para los «ellos» en su vida, para su familia y muchos más.

Dejemos de mirar atrás y veamos a Cristo como el hacedor de maravillas, el Rey de Gloria, todopoderoso, autor y consumador de nuestra fe, el que abrió el mar Rojo, el que sanó a los leprosos y el que sanó a los ciegos, el que levantó a Lázaro de entre los muertos, el que está con usted, habita dentro de usted y no ha terminado su obra, al contrario, recién está comenzando. Dios está con nosotros, es tiempo de poseer lo que Él está preparando para nosotros, porque estamos viviendo en tiempos de oportunidades.

CAPÍTULO 20
LA FILOSOFÍA Y LAS CONSECUENCIAS

LA IMPORTANCIA DE BUSCAR LA VERDAD EN LA BIBLIA

Si acepta una filosofía, acepte también sus consecuencias. Hay muchas filosofías en el mundo hoy, y antes de seguirlas nos conviene observar hacia dónde nos conducen. Le doy un ejemplo: años atrás, un hombre llamado Charles Darwin tenía una filosofía conocida como la Teoría de la Evolución. Decía, en resumen, que el hombre evolucionó eventualmente del mono. Si es así, entonces usted es un mono con suerte, porque evolucionó más rápido que todos los demás monos. Si solo somos monos con suerte en este mundo, entonces, la ley de la selva existe. La ley de la selva es esta: los fuertes eliminan a los más débiles. Acepte una filosofía, acepte también la consecuencia.

Adolfo Hitler, por ejemplo, creía firmemente en esta filosofía, en la que él se consideraba a sí mismo parte de una raza superior, por lo cual tenía el derecho de eliminar a las razas «inferiores». Acepte una filosofía, acepte la consecuencia.

Podemos seguir con otros ejemplos como Mao Tse Tung, quien también creía en esta filosofía, y por lo tanto se sentía con el derecho de eliminar a los demás que no pensaban como él, y el resultado fue millones de muertos en su país. Acepte una filosofía, acepte la consecuencia.

Yo no acepto lo que dice la evolución, yo creo lo que dice la Biblia, que hemos sido creados a imagen y semejanza de Dios (Génesis 1.26), por lo cual ningún hombre puede decir «yo soy mejor que tú». Todos somos iguales y tenemos un valor grande, porque Dios nos ama a todos como sus hijos y nos hizo a todos iguales. Acepto esta filosofía y prefiero vivir bajo esta filosofía, nadie puede decir que es superior a su prójimo. Todos hemos sido creados a la imagen de Dios.

Siguiendo esta línea de pensamiento podemos decir que la teoría de la evolución es en parte racista porque siempre habrá alguien que evolucionó más que los demás.

Esta fue una filosofía del mundo; ahora voy a referirme a la iglesia, en la iglesia también hay algunas filosofías curiosas. Por ejemplo, recuerde cuando la guitarra eléctrica y la música rock eran consideradas diabólicas; recuerdo que en mi juventud en la iglesia decían que si se ponía el disco al revés aparecerían mensajes satánicos... Bueno, cualquier disco puesto al revés suena muy raro. Decían lo mismo de la batería, porque provenía de los tambores y ritmos africanos; la filosofía de la iglesia era que estos instrumentos no eran aceptados en los servicios de adoración. La consecuencia fue una generación de jóvenes que no se identificaron con la iglesia por la música antigua que allí se tocaba. Gracias a Dios hemos avanzado, y hoy podemos rendirle alabanza con la guitarra, con el piano, con la batería y toda clase de instrumentos.

Hay otra filosofía que recuerdo. En los años 70 algunas iglesias enseñaban que los jóvenes no debían estudiar en la universidad, porque Cristo vendría en cualquier momento «como ladrón en la noche». Acepte una filosofía, acepte la consecuencia: hemos formado una generación no educada dentro de la iglesia.

Muchas filosofías, especialmente dentro del ámbito de la iglesia, tratan de justificar un fracaso; por ejemplo, en muchos institutos bíblicos o seminarios, algunos maestros fueron pastores que no tuvieron éxito en pastorear una iglesia local. Como han estudiado y quieren usar su conocimiento, terminan enseñando a jóvenes en seminarios bíblicos. Es decir, muchos de los seminarios bíblicos tienen como profesores a pastores que han fracasado en su ministerio. Lo que terminan haciendo es justificar su fracaso con una filosofía. Luego enseñan a los alumnos en los seminarios la justificación de su fracaso. Acepte una filosofía, acepte la consecuencia.

La mejor manera de hacer una iglesia o un ministerio con éxito es aprendiendo y siendo entrenado dentro de una iglesia exitosa. Hay un dicho que enseño mucho a los líderes: «Nunca sigas a un auto estacionado». Si la iglesia o el ministerio no están yendo a ningún lugar, ¿cómo lo vamos a seguir? Acepte una filosofía, acepte la consecuencia.

Algunas otras filosofías en la iglesia según recuerdo eran: apártese de la música rock, es diabólica; aléjese de la televisión y el arte, es pecaminoso; deje la política, es sucia... ¿Y qué sucedió? Al alejarse la iglesia de la música, ya no es necesario poner el disco al revés, póngalo de frente y escuchará música con mensajes satánicos; la televisión y el arte están peor que nunca en temas de valores; y la política sigue siendo criticada, inclusive más que antes. Estas son las consecuencias de haber seguido esas filosofías.

> **MUCHAS FILOSOFÍAS, ESPECIALMENTE DENTRO DEL ÁMBITO DE LA IGLESIA, TRATAN DE JUSTIFICAR UN FRACASO**

La filosofía que yo prefiero seguir es esta: los cristianos somos sal y luz en la tierra; los cristianos debemos estar en esos lugares (música, TV, artes, política, etc.) para ejercer influencia.

Hay otra filosofía que lamentablemente sigue siendo popular en algunas iglesias: «Sacrifiquen a su familia por la iglesia». Por un tiempo, en el comienzo de mi trabajo dentro del ministerio, mis líderes me dijeron: «Da tu tiempo a Dios, sacrifica a tu familia por la iglesia». Bajo esta filosofía vi muchos hijos que han crecido heridos, resentidos con sus padres, el ministerio y la iglesia, porque esta les quitó a mami y papi. Prefiero creer lo que Jesús dijo: «Si ganas todo el mundo y pierdes a tu familia, ¿de qué sirve?». La familia debe ser nuestro primer ministerio y ocupar el primer lugar en nuestra vida.

¿Qué tiene para dar a la iglesia si su matrimonio no es sólido o si está preocupado por hijos pródigos que andan lejos de Dios? Yo creo que el mejor lugar para sanar a una familia es estar dentro de una iglesia vibrante, donde sus hijos sepan que la familia es una prioridad en su vida.

Como dije, nunca siga a un auto estacionado. ¿Ha visto a un líder estacionarse en su vida? Es algo triste. Por los golpes de la vida o del ministerio uno puede cansarse y simplemente estacionarse diciendo: «Estoy cansado, no puedo más, ya no quiero seguir adelante».

¿Qué es lo que refresca a una persona cansada o golpeada? Visión fresca, estar a la expectativa de algo nuevo que pueda pasar. Entonces, ¿cuál es la filosofía que va a aceptar en su vida? ¿Está preparado para las consecuencias? La consecuencia puede ser positiva o negativa, depende de la filosofía que elija seguir.

CAPÍTULO 21
¿UNA IGLESIA LIGHT?

TODO EL MUNDO MERECE LA SALVACIÓN

Si alguna persona pregunta cuál es el modelo de nuestra iglesia en el Perú, yo respondo que es una iglesia especializada. ¿Por qué especializada? Si una familia entera llega a la iglesia, hay diferentes necesidades dentro de esta familia; en una familia extendida hay niños, adolescentes, jóvenes, solteros, recién casados, familias formadas y personas de la tercera edad; cada quien con diferentes necesidades: no se puede ministrar a matrimonios recién casados como familias formadas, los conflictos y necesidades son diferentes; igual con los adolescentes y los solteros profesionales. Hay algunos que creen que una iglesia pequeña es mejor que una iglesia grande, porque en la iglesia pequeña todos se conocen. Pero la verdad es que si a una iglesia pequeña llegara una familia completa, puede ser que alcancen a los niños o los matrimonios, pero siempre habrá un área de la familia extendida donde la iglesia pequeña no tenga la capacidad de ministrar.

Cuando me dicen que en la iglesia pequeña se conocen todos, creo que es verdad, pero muchas veces ese también es el problema que impide el crecimiento. Porque cada miembro de la iglesia ya ha formado círculos íntimos de amistad, donde una persona o familia nueva tiene dificultad para integrarse.

Si un miembro en una iglesia pequeña tiene la capacidad de conocer por nombre a unas 100 personas, quizás solo unas tres o cuatro de ellas compartan los mismos intereses que él, mientras que en una iglesia grande, podría conocer al menos a otras 100 personas con gustos similares y de su misma edad.

Ahora, cuando menciono la iglesia especializada, me refiero a que tenemos líderes entrenados en cada área para ayudar a las personas dentro de la iglesia. Mientras más grande sea la iglesia, más especializada puede ser. Por ejemplo, una iglesia pequeña puede tener voluntarios para enseñar a los niños, pero una iglesia grande puede contar con personas especializadas en temas de niños; y si es más grande puede tener personas especializadas en las diferentes edades de los niños, porque el niño de dos a tres años tiene diferentes gustos que el de ocho a diez años.

Igual sucede en las áreas de necesidad. Qué haría, por ejemplo, una iglesia pequeña si llegara una jovencita con anorexia o bulimia, niños con habilidades especiales o una madre que acaba de recibir la noticia de que tiene cáncer. Mientras más grande sea la iglesia es más probable que tenga áreas de apoyo a necesidades específicas. Lo divertido en una iglesia grande es que hay muchas personas que pueden alcanzar a toda la familia extendida cuando esta llega.

Yo creo, una vez más, que Jesucristo es la esperanza del mundo y que la iglesia es su cuerpo en este mundo, y en su cuerpo hay un lugar para todos.

Hay personas que dicen que una iglesia grande es una iglesia light, es decir, es una iglesia que no tiene profundidad en la Palabra de Dios o en su vida personal con Jesús. Hasta he oído decir equivocadamente: «Esta iglesia está creciendo muy rápido, debe estar haciendo algo mal». ¡Qué ridículo!

A veces damos excusas por la iglesia pequeña, lo más común: «Es pequeña, pero es profunda o espiritual». ¡No demos excusas! Dios nos envió a este mundo para salvar vidas y las vidas siempre se salvan en el lado hondo de la piscina y no en la parte baja; una iglesia que está alcanzando al mundo y está salvando vidas es una iglesia profunda.

Recuerdo esta anécdota que lleva dentro de sí mucha verdad: se trata de dos vendedores de zapatos que van al África para vender su producto; el primero llega a las costas de África y ve que todos andan descalzos, entonces envía un telegrama urgente a su oficina diciendo: «Detengan los contenedores, no manden nada, la gente por aquí no usa zapatos». El segundo vendedor llega a las mismas costas y cuando ve que todos están descalzos manda un telegrama urgente a su oficina diciendo: «Dupliquen los contenedores, envíen más zapatos. Aquí nadie los tiene».

Como ve usted, cuando se trata de la iglesia, la verdad es que Dios siempre nos envía oportunidades. Y podemos dar excusas de por qué no va a funcionar, o bien podemos tomar las oportunidades que Dios ha puesto frente a nosotros.

Por ejemplo, conozco a un pastor que recibió un llamado para ir a Japón, y todo el mundo le daba excusas diciendo: «El pueblo japonés es reacio al evangelio, quizás tengas, después de mucho trabajo duro, un convertido de vez en cuando». Este pastor, al llegar a Japón, notó un par de cosas de su cultura.

HASTA HE OÍDO DECIR EQUIVOCADAMENTE: «ESTA IGLESIA ESTÁ CRECIENDO MUY RÁPIDO, DEBE ESTAR HACIENDO ALGO MAL». ¡QUÉ RIDÍCULO!

En primer lugar, que el pueblo japonés es muy honesto. Si uno deja su billetera con dinero dentro de un taxi, el taxista lo devuelve con todo; si alguien deja su computadora en el tren, cuando regresa a buscarla ahí estará. Es un pueblo muy honesto.

Y en segundo lugar que es un pueblo con mucha necesidad dentro de la familia: como la mayoría de los hombres trabajan un promedio de doce a catorce horas diarias, los hijos no conocen a sus padres, y hay muchas heridas dentro de la familia.

Este pastor vio en ello una oportunidad, en vez de creer que «son reacios», comenzó un trabajo fortaleciendo a la familia, mostrando la figura de un padre verdadero que enseña la Biblia, y el resultado es una iglesia floreciente en Tokio. No pongamos excusas.

Otro ejemplo: hay quienes dicen que nuestra iglesia es light porque han visto jóvenes con tatuajes, o personas con cigarros en las puertas de la iglesia... Y aunque pueda sonar extraño, me encanta cuando veo esto porque me muestra que estamos alcanzando gente nueva. No me importa cómo llegan a la iglesia, me importa cómo salen; no me importa su pasado, me interesa su futuro.

Me gustan los ejemplos de la Biblia donde aparecen diferentes grupos de personas que seguían a Jesús. Entre los cuales estaban:

Las multitudes. Seguían a Jesús por los milagros, ellos vieron la repartición de los panes y peces (Mateo 14.14–21). ¿A cuántos les gustaría ser parte de la multitud? ¿No sería lindo ver los milagros de Jesús?

Los setenta. De entre la multitud, Jesús llamó a setenta y a estos setenta les dio poder para orar por los enfermos y hacer milagros (Lucas 10.1–9). La Biblia dice que los setenta volvieron danzando gozosos y diciendo que aún los demonios fueron sujetos bajo su nombre (Lucas 10.17), y los enfermos fueron sanados en el nombre de Jesús. Entonces, ¿qué prefiere usted? ¿Ver milagros o ser usado para hacer milagros? Hay muchos que viven en la multitud y solo quieren ver milagros, pero ¿no sería mejor ser usado por Dios y experimentar su poder?

Los doce discípulos. Luego de los setenta, Jesús escogió a doce. Los discípulos no solo experimentaron los milagros, sino que se sentaron a los pies de Jesús y pudieron escuchar la profundidad de sus enseñanzas y sobre todo cuál era su misión en este mundo (Lucas 6.12–16). Ahora, ¿qué es mejor? ¿Que Dios lo use para hacer milagros como con los setenta? ¿O sentarse a los pies de Jesús en intimidad y ser un discípulo?

Los tres discípulos. De los doce discípulos, destacaron tres: Pedro, Juan y Jacobo, a quienes Jesús llamaba aparte de vez en cuando; ellos vieron la transfiguración (Lucas 9.28–36), es decir, vieron a Jesús en su gloria, conocieron a Jesús más allá de sus enseñanzas, tuvieron una revelación. ¿Qué es mejor? ¿Sentarse y escuchar las enseñanzas de Jesús o tener una revelación de Él? Podemos decir que la revelación es conocer su corazón y escuchar su latir. ¿Qué prefiere?

El discípulo amado. Por último, entre los tres había uno: Juan, era el discípulo que Jesús amaba, él era aquel que inclinó su cabeza en el pecho de Jesús en la última cena (Juan 21.20). ¿No le gustaría ser como este uno? ¿Quiere conocer a Jesús por revelación o quiere conocerlo por amor? ¿No sería lindo escuchar esta declaración sobre usted? El discípulo que Jesús amaba.

Puede ser parte de la multitud, quedar entre los setenta, ser uno de los doce, llegar a estar entre los tres, o puede ser como el discípulo amado. Todo depende de usted, porque Dios siempre nos está llamando a subir un nivel más, Él siempre está llamando a la gente. Por eso, cuando veo a alguien fumando un cigarro en la puerta de la iglesia, no me ofende, pues tengo la oportunidad de llevar a alguien a un nivel más alto; quizás en un par de años este hombre que hoy es adicto al cigarro será un gran servidor de Dios; o este joven al que las demás iglesias rechazaron porque tenía piercings o tatuajes llegue a ser un hombre cambiado por el poder de Cristo y gane miles de jóvenes por Él. Nadie tiene que ser perfecto para pertenecer a la iglesia, es tiempo de cambiar porque hay un mundo afuera que necesita el evangelio. Cristo es la esperanza del mundo, y hay un mundo de jóvenes afuera de la iglesia pensando qué hacer con su vida... Y hay un Dios que los puede guiar.

> **CRISTO ES LA ESPERANZA DEL MUNDO, Y HAY UN MUNDO DE JÓVENES AFUERA DE LA IGLESIA PENSANDO QUÉ HACER CON SU VIDA... Y HAY UN DIOS QUE LOS PUEDE GUIAR**

CAPÍTULO 22
EL CANDELABRO

EL BRILLO DE JESÚS EN LA IGLESIA

Uno de mis libros favoritos de la Biblia es Apocalipsis, y el capítulo 1 contiene mis versículos preferidos.

La palabra Apocalipsis significa revelación, y proviene de dos palabras griegas: *apo*, que significa «quitar», y *kalyptein*, que quiere decir «velo», de ahí tenemos la palabra Apocalipsis, es decir, «quitar el velo». En otras palabras, el libro de Apocalipsis revela algo, no lo encubre, y lo que revela es a Jesús. Apocalipsis 1.1 dice: «La revelación de Jesucristo». Esto significa que, a través del libro de Apocalipsis, Dios quiere revelar algo, «quitar el velo de algo»; lo que revela Apocalipsis es a Jesús victorioso y más que vencedor, por lo cual también revela que la iglesia es más que vencedora en Cristo Jesús.

¿Por qué esta nueva revelación de Jesús? Piensen por un momento por qué la mayoría de las personas, cuando se imaginan a Jesús, ven a un hombre de treinta a treinta y tres años, con pelo marrón, una barba, un niño en sus brazos, un cordero en sus hombros o colgado en la cruz; Jesús como el hijo del hombre cuando estaba aquí en la tierra.

Pero el libro de Apocalipsis nos revela a un Jesús diferente, no es igual al Jesús que caminaba aquí en la tierra, como el siervo, sino nos revela a Jesús tal como Él es hoy. Su cabello hoy ya no es marrón, es blanco; Apocalipsis 1.14–15 dice que su cabello es blanco y sus ojos como llamas de fuego, y también habla de su vestimenta y sus pies como bronce bruñido. ¿Por qué esto es importante? Muchos recuerdan a Jesús como el siervo o el cordero de Dios, pero hoy día ya no es solo el cordero, es el León de la tribu de Judá, Rey de reyes y Señor de señores. Él vino como cordero, y fue inmolado, pero ahora Él reina desde su trono al lado de su padre. Apocalipsis no es Jesús como fue, sino como es hoy, «sentado a la diestra del padre haciendo intercesión por nosotros».

En el versículo 12 de este primer capítulo de Apocalipsis, la Biblia nos dice que Juan estaba orando en el día del Señor (domingo), cuando oyó una voz detrás de él. Entonces se voltea para ver la voz que hablaba, pero ¿qué fue la primera cosa que vio?: siete candelabros de oro: «Y me volví para ver la voz que hablaba conmigo; y vuelto, vi siete candeleros de oro».

Qué curioso, pero esto no es accidente. El versículo 20 nos muestra que los candelabros de oro son las siete iglesias; para entenderlo mejor, cada iglesia es un candelabro, ¿qué hace el candelabro? Da luz, y la iglesia ha sido llamada a brillar en un mundo de oscuridad. Observe en Apocalipsis 1, ¿dónde está Jesús? En medio de los siete candelabros, es decir, Él está en medio de su iglesia.

Si seguimos leyendo, en los versículos del 13 al 19, dice:

> Y en medio de los siete candeleros, a uno semejante al Hijo del Hombre, vestido de una ropa que llegaba hasta los pies, y ceñido por el pecho con un cinto de oro. Su cabeza y sus cabellos eran blancos como blanca lana, como nieve; sus ojos como llama de fuego; y sus pies semejantes al bronce bruñido, refulgente como en un horno; y su voz como estruendo de muchas aguas. Tenía en su diestra siete estrellas; de su boca salía una espada aguda de dos filos; y su rostro era como el sol cuando resplandece en su fuerza. Cuando le vi, caí como muerto a sus pies. Y él puso su diestra sobre mí, diciéndome: No temas; yo soy el primero y el último; y el que vivo, y estuve muerto; mas he aquí que vivo por los siglos de los siglos, amén. Y tengo las llaves de la muerte y del Hades. Escribe las cosas que has visto, y las que son, y las que han de ser después de estas. (Apocalipsis 1.13–19)

Recuerde que Juan ya está avanzado en edad cuando tuvo esta revelación, por lo menos unos sesenta años han pasado desde la muerte, el entierro y la resurrección de Jesús; Juan estuvo con Él sesenta años atrás.

En Apocalipsis, Juan es el único sobreviviente de los apóstoles; la última vez que él vio a Jesús fue en Hechos 1.11, donde la Biblia dice que Él ascendió y una nube lo tapó. Desde ese día nadie más vio a Jesús físicamente. Pablo vio una luz y escuchó una voz, pero la primera vez que Jesús se revela desde su ascensión, es en Apocalipsis 1. Esto es maravilloso porque vemos a un Jesús glorificado, victorioso, poderoso, y que está en medio de la iglesia (los candelabros).

El candelabro da luz; cada iglesia hoy día es un candelabro; cada iglesia tiene el deber de resplandecer en un mundo lleno de tinieblas.

En Apocalipsis 2 y 3 vemos cómo cada una de estas iglesias ilumina de una manera distinta; algunas iluminan más que otras. Vemos también la existencia de oposición a esta luz; cuando la luz resplandece en las tinieblas, el conflicto es inevitable. Algunas de estas iglesias resplandecían más que otras, algunas tenían áreas de sombra y algunas dejaron de resplandecer. En el libro de San Juan, capítulo 1, observamos al mismo autor, Juan, diciendo que en él estaba la vida y la vida era la luz de los hombres (Juan 1.4). En otras palabras, cuando la iglesia es un candelabro que resplandece en el mundo de las tinieblas, lo que resplandecemos es vida, la vida de Jesús a un mundo que lo necesita.

Ahora, veamos qué sucede en Apocalipsis 2 con la primera iglesia mencionada, Éfeso. Era una iglesia que tenía discernimiento para identificar a los falsos apóstoles, falsos líderes dentro de la iglesia. Es decir, la iglesia tenía un fervor para mantener la pureza del liderazgo y no soportaba a los que abusaban de su autoridad dentro de ella. Suena bien; no obstante, Dios exigía un cambio en la iglesia. El versículo 4 dice que Jesús tenía algo importante que decirles, que habían dejado su primer amor. ¡Qué difícil! Tenían pasión por un liderazgo, pero se olvidaron de dónde habían sido rescatados. Cuando Dios ordena el cambio, el cambio viene. Y si Dios está ordenando a la iglesia cambiar, tenemos que cambiar. Seguro que la iglesia de Éfeso sentía que tenía una pasión pura por la verdad, pero Dios estaba pidiendo ¡cambio! Mi mentor, el doctor Edwin Louis Cole, dijo lo siguiente: «Cuando Dios ordena cambio, el cambio vendrá de arriba por revelación o de abajo por revolución. Pero siempre vendrá». Es mucho mejor, de hecho, cambiar a los líderes de arriba por una revelación que por una revolución. Pero si Dios ordena el cambio en la iglesia, es tiempo de cambiar.

ES QUE HAY ALGUNAS IGLESIAS QUE BUSCAN ILUMINAR AL PASTOR, O ALGUNOS MINISTERIOS QUE BUSCAN HACERSE FAMOSOS

Si la iglesia no hace los cambios necesarios, Jesús dijo que Él vendría a quitar el candelabro de esa iglesia. Recuerde que el candelabro ilumina a un mundo oscuro. Jesús dijo que nuestras buenas obras deben brillar en un mundo herido y oscuro. Sí, la iglesia es un candelabro. Sí, la iglesia ha sido llamada a hacer brillar la vida de Jesús en este mundo. Dios dice que si no lo hacemos, si no cambiamos, Él vendrá a quitar el candelabro. ¿Qué quiere decir esto? Que la iglesia dejará de brillar y el testimonio de la vida de Jesús dejará de ser relevante. Tenemos un mensaje del amor de Dios y de salvación demasiado importante como para ser ignorado simplemente porque hemos olvidado nuestro primer amor, de donde hemos sido rescatados.

Tristemente esta profecía se cumplió: hoy día en la ciudad de Éfeso, actual Turquía, no existe una iglesia cristiana, no existe un testimonio cristiano. Si Dios ordena cambios a la iglesia, tenemos que cambiar para ser eficaces en ganar al mundo.

Recuerde que el candelabro era un mueble del tabernáculo en el Antiguo Testamento. En Hebreos 8 se nos muestra que el tabernáculo fue como un patrón de las cosas celestiales. Moisés recibió la orden de construir el tabernáculo según el patrón que Dios le mostró, no pudo variar nada, tenía que ser literal al modelo. ¿Por qué? Porque es un reflejo de lo celestial. En el libro de Apocalipsis también se mencionan algunos otros muebles como el incensario de oro, el altar de bronce y el arca del pacto que tienen especial significado.

Cuando Moisés construyó el candelabro según el modelo que Dios le mostró en Números 8, versículos 2 y 3, observamos que las siete lámparas tenían que alumbrar hacia adelante, literalmente quiere decir hacia el centro ¿Por qué iluminan hacia el centro los brazos del candelabro? Porque Jesús es el centro (el tronco). Los brazos del candelabro no se iluminan sobre sí mismos, sino que iluminan sobre Jesús.

Hay una gran lección aquí para los ministros, Jesús es el centro de todo lo que hacemos, en la iglesia debemos tener cuidado de no tratar de iluminar sobre uno mismo, sino sobre Jesús. Hay muchos que dicen: «Yo soy el ungido, yo soy el apóstol, yo soy el ministro». Yo prefiero decir: «Solo soy un simple candelabro que ilumina sobre Jesús». Él es el centro de todo, no iluminen sobre su propio ministerio, que la luz brille hacia Jesús.

> **EN LA IGLESIA DEBEMOS TENER CUIDADO DE NO TRATAR DE ILUMINAR SOBRE UNO MISMO, SINO SOBRE JESÚS**

Es que hay algunas iglesias que buscan iluminar al pastor, o algunos ministerios que buscan hacerse famosos; pero la iglesia no existe para hacer famoso al pastor, ni a los ministros de la música; solo queremos hacer famoso a Jesús. El apóstol Juan nos muestra que si Dios es levantado, atraerá a todos los hombres hacia Él. Entonces, busquemos levantar a Jesús y no levantarnos a nosotros mismos, para que el candelabro brille más en este mundo.

SOLO DIOS ILUMINA Y REAVIVA EL FUEGO

Hay un peligro cuando uno es usado por Dios, es fácil que le llegue a «gustar la luz». Hay personas que pueden llegar a impartir cursos dentro de la iglesia; por ejemplo, en el curso de matrimonios, siempre vendrá la tentación de decir: «Yo cambié la vida de esa pareja». ¡No, no, no! Usted no cambió la vida de esa pareja, fue Jesús. Su Palabra es poderosa y nunca vuelve vacía, solo tenemos el honor de enseñar una Palabra viva y eficaz; es Dios el que cambia vidas.

Recuerde esta enseñanza de Hechos 3: cuando Pedro y Juan estaban yendo al templo, un hombre paralítico en la puerta llamada la

Hermosa les dijo: «¿Tienen algo para mí?». Es que los cristianos del primer siglo fueron conocidos como generosos, y probablemente el hombre esperaba algo de Pedro y Juan. Ellos le dijeron: «Esta vez plata y oro no tenemos, pero lo que tenemos te daremos, en el nombre de Jesús, ¡levántate!», como dice en Hechos 3.6 (paráfrasis). Pero observe lo que dice el versículo 9: «El pueblo lo vio andando y alabando a Dios y reconoció que era el hombre que se sentaba a la puerta Hermosa mendigando» (paráfrasis). Y veamos la respuesta de Pedro y Juan cuando el pueblo quiso honrarlos por este acto: «Viendo esto Pedro, respondió al pueblo: Varones israelitas, ¿por qué os maravilláis de esto? ¿o por qué ponéis los ojos en nosotros, como si por nuestro poder o piedad hubiésemos hecho andar a éste?» (Hechos 3.12).

Pedro y Juan dicen que quien lo hizo es Jesús, que lo miren a Él. Es que en la iglesia se acostumbra a mirar al hombre, y los hombres son usados por Dios, pero debemos iluminar nuestro candelabro hacia Jesús, hacia la lámpara. La enseñanza del candelabro es esta: no ilumine sobre usted mismo, ilumine sobre Jesús.

¿Recuerda por qué cayó Lucifer? Lucifer fue un ángel poderoso y bello, su voz era un instrumento musical, y cada vez que Lucifer cantaba y alababa a Dios, los ángeles miraban al que estaba sentado en el trono y lo adoraban. El pecado de Lucifer fue este, cuando dijo: «Cada vez que yo ministro, Él recibe la honra; cada vez que yo canto, los ángeles lo alaban a Él». Y dijo también: «Mírenme a mí, no a Él»; en otras palabras, quería la luz sobre él en vez de en Jesús.

La Biblia dice que él quería sentarse en el trono como Dios; es una tentación para los músicos de hoy o los maestros de la Palabra que cuando son usados por Dios les comience a gustar la luz. Recuerde, Dios resiste a los soberbios, Dios tuvo que resistir a Lucifer, hasta tuvo que sacarlo de su presencia (quitar el candelabro de él). Si existe un pecado hoy día dentro de la iglesia puede ser este mismo, la soberbia, cuando uno dice: «Mírame a mí, en vez de mirarlo a Él».

La Biblia menciona, acerca del candelabro, que los sacerdotes prendían la luz desde la noche hasta la mañana. ¿Por qué? Porque en los momentos más oscuros de nuestra vida, es cuando Jesús está iluminando sobre nosotros. A veces el candelabro se apagaba, y por la mañana, el trabajo del sacerdote era levantar el pabilo que se había apagado. El pabilo representa nuestras vidas. Miren lo que dice Isaías 42.3: «El pabilo humeante, Él no apaga» (paráfrasis). A veces en nuestra vida llegamos a estar cansados, donde antes había una llama brillante ahora solo existe un pabilo humeante, los golpes de la vida, el cansancio del trabajo, por muchas razones se puede apagar nuestra llama. Es triste, porque a veces he oído a líderes criticar o condenar a personas diciendo: «¿Por qué no brillas hoy como antes?». «¿Por qué el fuego se te apagó?». Pero mira el amor de Jesús, Él no condena, con ternura levanta el pabilo y lo vuelve a encender con su luz.

La filosofía en muchas iglesias es: «El diablo te da duro durante la semana, ven a la iglesia y te doy doblemente duro». Yo prefiero decir: «Si el diablo te ha golpeado esta semana, ven a la iglesia, te vamos a levantar para que sigas brillando». En vez de condenar, recargamos las baterías para la siguiente semana.

La enseñanza es sencilla: la iglesia es un candelabro. El mundo está más y más en oscuridad; tenemos la oportunidad de hacer brillar la luz de Jesús en un mundo oscuro. El candelabro es la iglesia, y la iglesia que brilla más, brilla lejos; es una iglesia que puede alumbrar a este mundo. Para lograrlo, primero debemos brillar en casa; cuando la iglesia local es fuerte, su luz puede alcanzar a un mundo que está herido en la oscuridad.

CAPÍTULO 23
EL OJO DEL TIGRE

LA DESTREZA PARA RECONOCER Y RECHAZAR AL ENEMIGO

En el libro de Jueces, capítulo 20, se relata la historia de la tribu de Benjamín. Esta es parte de la historia en la que tristemente se desarrolla una guerra civil entre el pueblo de Dios. Diez tribus de Israel que se separan de las otras dos. La Biblia dice que cuando la tribu de Benjamín convocó a hombres para la pelea, pudieron reclutar veintiséis mil hombres hábiles, pero además había otros 700 que fueron escogidos. Estos fueron escogidos por una razón específica; Jueces 20.14–16 menciona que ellos eran todos zurdos, y que con su mano izquierda tenían la habilidad de partir un pelo con su honda a treinta y cinco metros de distancia. Era la costumbre en Israel tomar un pelo largo de mujer, amarrarlo a una piedra y colgarlo a la rama de un árbol, y luego con una honda apuntaban hacia el cabello, y si la piedra caía sabían que el pelo se había partido. El tema es que ninguno de estos hombres zurdos erraba, eran expertos con su mano izquierda.

Ahora, ¿por qué menciona la Biblia específicamente que estos 700 hombres eran zurdos? Si uno busca el significado de la palabra zurdo en el idioma original, esto es lo que encuentra: «Persona con algún impedimento para usar la mano derecha», en otras palabras, estos hombres eran diestros, pero en algún momento, quizás en alguna batalla, fueron heridos y perdieron habilidad con su mano derecha; puede ser que hayan perdido uno o dos dedos o la mano completa, el caso es que ya no podían tomar una espada o lanza con su mano derecha. Todas las armas estaban hechas para ser usadas con la mano derecha; el escudo siempre entraba sobre el brazo izquierdo, la formación de la línea de batalla fue hecha para proteger con el escudo a la persona que estaba a la izquierda y así poder atacar al enemigo con la espada sujeta en la mano derecha.

Si usted está acostumbrado a usar su mano derecha para escribir, ¿puede imaginar lo difícil que sería aprender a escribir de nuevo con su mano izquierda? Yo sé que hay algunos que usan ambas manos, pero requiere mucha paciencia para aprender a hacerlo; si uno se acostumbra a patear la pelota con su pie derecho, le costará aprender a hacerlo con la misma fuerza con el pie izquierdo.

La Biblia menciona que estos hombres zurdos tenían que enfrentarse a una dura decisión, que era: regresar a casa por causa de sus heridas, sentir pena por sí mismos, lamentar lo que habían perdido, o aprender a pelear de otra manera (lo cual no sería nada fácil) y volver a la batalla.

De una manera técnica, estos 700 eran hombres discapacitados. Podemos imaginarnos lo que los otros soldados les decían: «¿Por qué no te vas a casa? Fuiste herido, deja la batalla para la gente sana». Pero estos 700 hombres escogidos, decían: «¡No!, volveremos a pelear».

Lo que el enemigo usa para sacar a algunos de la batalla, otros lo voltean y en vez de lamentar lo perdido, valientemente se vuelven a levantar y resultan ser mejores.

Hay un término militar actual que se llama «el ojo del tigre». ¿Qué es? Es la habilidad que tienen unos pocos soldados experimentados para, tras haber sido heridos en el campo de batalla, desarrollar un sexto sentido que les permite identificar la presencia del enemigo. Cuando ellos están en la pelea, todo se vuelve como en cámara lenta y llegan a saber qué hacer incluso en medio de la confusión de la batalla. Por esta razón resulta difícil que quien tenga esta habilidad vuelva a ser herido de manera similar.

En el campo militar, los que tienen «el ojo del tigre» son de mucho valor para los soldados novatos, quienes por ser nuevos caminan confiados, sin sentir la presencia del enemigo; porque quien tiene «el ojo de tigre» puede alertar a los demás compañeros para que tengan cuidado y así evitar daño a la compañía.

Dentro de la iglesia necesitamos personas a nuestro lado que tengan «el ojo del tigre». Les doy un ejemplo: por largos años mi hija sufrió de anorexia y bulimia, y yo como padre no sabía cómo tratar este tema con ella; por supuesto la amaba, pero no entendía por qué no podía comer. Fue un proceso largo para nuestra familia, de mucha oración y tiempo para tratar de entender qué estaba pasando dentro del corazón de mi hija. Durante ese tiempo, mientras buscábamos un tratamiento para ella, mi esposa y mi hija se fueron a vivir a la casa de mi suegra por un año. En ese año, sabíamos que como padres debíamos guardar la privacidad de la vida de nuestra hija, y no contamos a la iglesia lo que estaba pasando; solo pedimos que oraran por ella, pues estaba pasando por una necesidad en su salud. No faltó un chismoso por allí que dijo: «Seguro que la hija del pastor está embarazada, ¿por qué se fue durante todo ese tiempo?».

No fue fácil, pero por fin encontramos un ministerio cristiano que pudo dar a mi hija las herramientas para pelear. En la actualidad, por la gracia de Dios, ella está totalmente sana, casada y trabajando en el ministerio a tiempo completo. Hoy día mi hija ha desarrollado «el ojo del tigre», porque mientras yo puedo estar en una sala con cientos de personas, ella puede detectar en esa misma sala, al otro lado del salón, a una joven con problemas de anorexia y bulimia similares a los que ella sufrió; ahora es común ver a mi hija después de un tiempo sentada en una esquina orando por esa joven mientras que la muchacha llora al encontrar a alguien que la entienda. Como mi hija fue atacada por el enemigo, ahora puede reconocer cómo él ataca, y detectarlo cuando otros no se dan cuenta.

Yo necesito personas con «el ojo del tigre» a mi lado, personas que han sido atacadas en su matrimonio, pero que ahora están sanas, y como ya saben las estrategias que usa el enemigo para atacar a las familias, pueden detectarlas, sentir una crisis familiar y llegar a ministrar a ese matrimonio, cuando otros ni cuenta se dan.

Los que tienen «el ojo del tigre» son aquellos que fueron heridos, a los que el enemigo intentó sacar de la batalla, intentó vencer, pero solo los hizo mejores. Cuando el enemigo pensaba que se iban a rendir y renunciar, solo se esforzaron y mejoraron.

¿Está herido? ¿Algún dardo del enemigo lo ha alcanzado? Tiene ante sí una difícil decisión. Puede ir a casa o puede aprender a pelear otra vez. En la iglesia necesitamos a los que tienen «el ojo del tigre», personas que pueden decir después de todo: «Sigo en la batalla y estoy en esto de por vida».

CAPÍTULO 24
FUEGO AMIGO

EL PEOR ENEMIGO DE UN CRISTIANO ES OTRO CRISTIANO

Siguiendo la pista del capítulo anterior, existe un dicho triste dentro de la iglesia evangélica: «Somos el único ejército que abandona a sus heridos», especialmente cuando se trata de ciertos pecados. Tratamos el divorcio como si fuera el pecado imperdonable del Espíritu Santo, o el adulterio como una sentencia de muerte. No obstante, aplaudimos al reo más vil que se convierte, y el drogadicto que llega a los pies de Cristo puede contar su testimonio libremente; pero al cristiano que ha caído le damos el tiro de gracia.

Como esos 700 hombres escogidos que fueron heridos en el campo de batalla. La Biblia dice que los que son espirituales en la iglesia, restauren y sanen a aquellos que han sido heridos (Gálatas 6.1). ¿Por qué? Porque una vez heridos pueden desarrollar «el ojo del tigre» y pueden ser de gran valor para alertar a los demás en la iglesia de cómo ataca el enemigo.

Hay otro término militar que se llama «fuego amigo». El fuego amigo puede ser una de las cosas más desalentadoras para un ejército. Fuego amigo es cuando, en medio de la confusión de una batalla, un soldado es muerto por alguien de su propio batallón, sucede muchas veces, y siempre es triste... ¿Puede imaginar a un padre cuando recibe la noticia de que su hijo murió en la batalla, pero no por el enemigo, sino por un soldado que era su amigo? Es triste cuando vemos fuego amigo dentro de la iglesia, especialmente cuando no es por accidente, cuando las personas «justificadas» por una arrogancia espiritual, sienten que tienen el derecho de juzgar a otros, quienes según ellos están equivocados.

El fuego amigo, en el contexto de la iglesia es doloroso. David mencionó esto cuando estaba recordando el ataque de un enemigo; él decía en Salmos 55 que si fuera su enemigo o su adversario el que lo atacaba lo podía entender, pero él dijo que la traición más grande que sintió fue cuando el ataque vino por un amigo. En los versículos 13 y 14 dice: «Antes íbamos a la iglesia juntos, antes tomábamos la cena en la casa de Dios juntos y caminábamos en celebración y ahora tú que fuiste mi amigo eres quien hace la herida más profunda» (paráfrasis). ¿Por qué en la iglesia somos tan desleales? Debemos entender que tenemos un solo enemigo, y no está sentado en la congregación con usted, tampoco está en la congregación de la esquina. Hay un diablo que nos odia y un Dios que nos llama a rescatar a los que han sido heridos por este mundo. ¡No permita fuego amigo dentro de la congregación!

Recuerdo, en los años 80, la caída de uno de los grandes tele-evangelistas, muy popular en toda América Latina. Recuerdo con lamento su caída, recuerdo el shock de la noticia cuando fue encontrado con una prostituta; lo que más lamento fue el fuego amigo dentro de algunas iglesias y ministerios, y la actitud de algunos pastores que decían ¡yo sabía!, y afirmaban que esto había sido un castigo de Dios.

Supe por un pastor amigo mío, que durante esos años este ministerio alimentó al menos a medio millón de niños en el mundo entero, muchos de ellos en América Latina, y que al día siguiente de su caída muchos de estos niños ya no tuvieron qué comer en su mesa. Hubo iglesias que este ministerio compró y regaló a cierta denominación, pero al siguiente día, esta denominación trataba de limpiarse las manos, como Egipto hizo con Moisés, pretendiendo hacer como que nunca existió.

Qué fácil es criticar cuando cae alguien «grande», por la vergüenza que trae a la iglesia; pero miren el corazón del rey David, que cuando cayó su atormentador, el rey Saúl, David rasgó sus ropas, lloró y dijo: «Cómo han caído los grandes, no lo digas en Gad, no lo digas en Gad» (2 Samuel 20, paráfrasis). ¿Por qué David decía no lo digas en Gad? Gad era una ciudad de los filisteos, Goliat era de Gad, y lo que David lamentaba es cómo el mundo (Gad) se burlaba por la caída de los grandes (Saúl).

Recuerde, la iglesia tiene un enemigo, sus armas son reales y habrá heridos; es más fácil sanar a un soldado herido y devolverlo a la batalla que entrenar a un nuevo soldado. Seamos un pueblo restaurador, porque Dios es un Dios restaurador.

Hay una costumbre dentro de la iglesia evangélica en América Latina que me ha causado mucho dolor y tristeza. Se llama la «disciplina»; y causa dolor por la forma como muchas iglesias la llevan a cabo. La Biblia nos da claras maneras de tratar el tema de la disciplina. Pablo dijo en Gálatas 6.1: «Hermanos, si ven que alguien ha caído en algún pecado, ustedes que son espirituales deben ayudarlo a corregirse. Pero háganlo amablemente; y que cada cual tenga mucho cuidado, no suceda que él también sea puesto a prueba» (DHH).

QUÉ FÁCIL ES CRITICAR CUANDO CAE ALGUIEN «GRANDE», POR LA VERGÜENZA QUE TRAE A LA IGLESIA

Jesús dijo en Mateo 18.15–17 que hay una fórmula; si alguien está en error, que en privado se lo confronte y si hay arrepentimiento se restaure también en privado; si no hay arrepentimiento, que vaya con uno o dos testigos o con los ancianos de la iglesia, y el último recurso es hacerlo público.

Edwin Louis Cole dice: «La disciplina es en privado, la recompensa en público». Cuando disciplinas a un hijo públicamente, lo avergüenzas, y es contraproducente ante lo que uno busca. Disciplina en privado, con mucho amor, recompensa en público.

Cuando Pablo menciona en el libro de Gálatas 6.1: «Ustedes que son espirituales deben restaurarlo con una actitud humilde» (NVI), la palabra restauración quiere decir volver a su diseño original. Si por ejemplo usted restaura un auto antiguo, lo que tratará de conseguir es volver a ponerlo como estaba en su estado original. Es una pena que en la iglesia no hemos sido muy buenos con este tema, muchas veces en lugar de restaurar a un hermano, terminamos condenándolo y dándole el tiro de gracia, y es tan triste ver esto en la casa de Dios. Ver cómo ante la caída de algún hermano, líder o pastor, terminamos hiriendo en vez de sanar. También entendemos que cuando se trata de un líder visible o un pastor, siempre hay daños colaterales, los cuales tenemos que tomar en cuenta a la hora de disciplinar; daños colaterales significa que otras personas quedarán afectadas por la caída de ese líder o pastor. Lo único que digo es que debemos tomar en cuenta que el propósito principal de la disciplina, según menciona Gálatas 6.1, es la restauración con una actitud de humildad y amor, y no la búsqueda del castigo con una actitud de juicio. Pastor, seamos sinceros en esto, todos hemos fallado y requerimos del amor y el perdón de nuestro Señor; de repente su falta no está entre los comúnmente llamados «pecados grandes» como el adulterio y otros, pero para Dios actuar con soberbia es igual de ofensivo. Finalmente, cuando se trata de disciplina, debemos actuar con humildad procurando en todo tiempo la restauración.

Le cuento la historia del pastor de una iglesia que cayó en adulterio, él reconoció su pecado y renunció a la iglesia, esta trató el asunto en forma reservada y aceptó la renuncia. Obviamente, la familia de este líder resultó dañada, y debido a las heridas la pareja se separó. Tiempo después el hombre llegó herido a nuestra iglesia y de «casualidad» (en Dios no hay casualidades) su esposa también llegó. Los dos se encontraron en la iglesia y, pensando en los hijos, acordaron asistir a la iglesia todos los domingos. Así fue, hasta que luego de un tiempo ambos decidieron tomar un curso de matrimonios para ver si podrían rescatar una chispa de amor entre ellos. Y el milagro sucedió: hoy día, la familia está unida, siguen casados, con más hijos y de vuelta al ministerio después de muchos años, y son de un gran valor en la casa de Dios. Con «el ojo del tigre» desarrollado, hoy son usados por Dios para restaurar a otras parejas jóvenes que están pasando por situaciones similares.

La Biblia dice en Mateo 10.8: «De gracia recibisteis, dad de gracia». La gracia es algo tan maravilloso que viene de nuestro Dios, es cuando recibimos algo que no merecemos. Recuerde, la gracia que Cristo tiene por nosotros, pues de la misma manera que uno mide, será medido. Cómo resulta atractivo estar a veces al filo del juicio. Equivocadamente nos sentimos tan espirituales cuando juzgamos los errores de otros. Levantamos la vara alta, y cuando alguien es sorprendido porque le alcanzó un dardo de fuego de Satanás, con la arrogancia de un fariseo, lo señalamos y decimos: «Ya fuiste». El tema es este, todos hemos pecado. Jesús preguntó a la mujer atrapada en el acto mismo de adulterio que dónde estaban sus acusadores, y comenzó a escribir en el suelo... (Juan 8.1–11). ¿Qué escribió? ¿Los nombres de sus acusadores? ¿Los pecados que habían cometido? No lo sabemos, solo sabemos que tiraron las piedras al suelo uno por uno y se fueron, lo que Jesús estaba diciendo era que los que querían tirar piedras, debían ser gente totalmente inocente de culpa. El único inocente fue Jesús y Él no la condenó, por el contrario, la libró. Hay un solo acusador de los hermanos, no seamos usados como un instrumento de él.

SEAMOS SINCEROS EN ESTO, TODOS HEMOS FALLADO Y REQUERIMOS DEL AMOR Y EL PERDÓN DE NUESTRO SEÑOR

«De gracia recibisteis, dad de gracia». Si levantamos una vara de perfección dentro de la iglesia, la gente en su honestidad va a intentar alcanzarla, va a tratar de hacer todo lo que le pedimos; pero como hay una larga lista de reglas que cumplir, llega el momento en que la gente honesta se cansa y solamente dice: «Ya lo intenté, ya traté de vivir esta vida y no puedo», y renuncian porque son honestos.

Mientras tanto, la gente hipócrita engaña a otros, pretendiendo vivir bajo normas que ellos mismos no pueden cumplir, así como los fariseos que tenían piedras en sus manos, listos para matar a la mujer. Jesús les dio una gran lección, enseñándoles que todos tenían algo de imperfección en su vida. Seamos honestos, todos necesitamos de la gracia de Jesús. «De gracia recibisteis, dad de gracia».

CAPÍTULO 25
LA MISIÓN DE CAMINO DE VIDA

CONECTAR, CRECER, SEMBRAR Y ALCANZAR

Hay un objetivo en nuestra iglesia, y es que las personas puedan encontrar a Cristo, conectarse a una comunidad de creyentes, crecer en Dios y ser usados por Él. En nuestra iglesia tenemos cuatro palabras que usamos, estas son: conectar, crecer, sembrar y alcanzar.

En sencillo, cuando una persona visita la iglesia y dice: «Esta es una iglesia simpática» o «me gusta esta iglesia», el objetivo de conectar es ayudarla a llegar al punto en que cambie: «Esta es una buena iglesia» por «esta es mi iglesia, esta es mi casa y esta es mi familia».

Cuando hablamos de crecer, lo hacemos a través de cursos bíblicos que ofrecemos para que las personas profundicen su fe en Dios; es ahí donde hay que ayudar a las personas a saber esto: que no es el deber de la iglesia hacerlos crecer, es el deber de cada uno el buscar crecer. En la iglesia solo ofrecemos oportunidades para que ellas puedan tomar esta decisión (crecer) y una ruta «fácil» que las lleve a ser discípulos de Jesús. Digo fácil porque hay muchas iglesias que quieren complicar esta parte. Pero seguir a Jesús no es complicado, es algo sencillo y deseable.

Cuando hablamos de sembrar es cuando uno deja de ser congregante y pasa a ser participante en la obra de Dios. Ofrece su vida para servir como voluntario en determinada área de la iglesia. Es cuando uno está dispuesto a sembrar su tiempo, talento y tesoros para mejorar la casa de Dios. Una vez más, esto no debe ser complicado para aquellos que quieren servir en un área de la iglesia. Tradicionalmente, la iglesia evangélica pone la valla bien alta a los que quieren hacerlo, y debe ser una valla alta para los líderes, maestros, ministros o pastores; pero todos pueden servir en la iglesia aun cuando sean nuevos y estén en proceso de ser cambiados.

Yo recuerdo que por años fui un voluntario más en mi iglesia en California, limpiando los baños y cuidando los jardines de la iglesia. Recuerdo cómo esos años me ayudaron a crecer en Dios. Cuanto más rápido las personas se encuentren sirviendo en la iglesia, más rápido dejarán de decir esta es una buena iglesia, y dirán: «Esta es mi iglesia».

La cuarta palabra es alcanzar. Alcanzar para nosotros quiere decir salir fuera de las puertas de la iglesia para llegar a la gente que está necesitada: como hemos dicho antes, esto se llama SERVO-LUCIÓN, todos pueden y deben ser parte de alcanzar, porque hay algo poderoso cuando decimos: «Lo que Dios ha hecho en mi vida, yo quiero que también lo haga en otros».

CARTA ABIERTA

A LOS PASTORES EN AMÉRICA LATINA

Una de la cosas que agradezco a Dios es que me haya permitido criar a mis hijos en el Perú. Doy gracias a Dios porque el Perú me ha adoptado como un hijo suyo. Como conté, yo nací en Estados Unidos, dentro de las tradiciones de la familia americana, y agradezco a Dios el que mis hijos hayan crecido en el contexto de las familias de América Latina, donde hemos sentido el valor y la unidad de la familia latina, que es muy sólida, más familiar, más cálida.

Una de las fortalezas del pueblo latino es esta: su firme lealtad. Yo a veces llamo a esto «la mafia», porque si tienes a un latino como amigo, su hermano, su madre, su abuela, su tío, harían cualquier cosa por ti; la familia es muy unida y esto es una parte atractiva de América Latina. Lo que sucede es lo siguiente: por 400 años el modelo de liderazgo en los gobiernos de América Latina fueron de dictaduras, y con dolor y tristeza veo que algunos de estos modelos han crecido también dentro de algunas iglesias; sucede que cuando una persona se convierte a Cristo en la iglesia, por naturaleza esta persona muestra lealtad a su pastor. Con el tiempo, el pastor de esa iglesia se convierte en un pequeño dictador en la forma de liderar su iglesia. Por toda América Latina hay unos cuantos líderes con síndrome mesiánico, que son pequeños dictadores desde el púlpito; quizá este modelo funcionó en tiempos atrás, pero con los jóvenes de hoy esto ya no funciona.

Actualmente, con los medios sociales, Facebook, Twitter y otros, ya no existen fronteras, y los jóvenes de hoy buscan autenticidad y realidad. La verdad es esta: muchos jóvenes miran la iglesia de «la abuela» y dicen: «¡es ridículo!». Pastores, hemos sido llamados a alcanzar a la próxima generación, el liderazgo que modela Jesús en la Biblia no es un liderazgo de manipulación o de obediencias absolutas al pastor. Los modelos de liderazgo que la Biblia nos enseña son de líderes que se muestran como siervos; hemos sido llamados no a buscar títulos o posición para que nos atiendan y sirvan, hemos sido llamados a recoger la toalla y lavar los pies de la gente. El pueblo latino es muy leal y muy cálido, pero las personas deben ser más leales a Jesús, y cuando los jóvenes de hoy vean en los pastores un liderazgo al estilo de Jesús, le seguirán sin dudar.

Al sacerdote del Antiguo Testamento le fue dada la orden de ministrar entre la puerta y el altar, él siempre tenía que estar entre los dos. ¿Qué significa esto? Estar hacia fuera de la puerta, donde el pueblo estaba, y hacia dentro de la puerta, en el lugar del altar donde ministraba a Dios. El sacerdote no podía tomar todo su tiempo ministrando a Dios, y no podía pasar todo su tiempo entre el pueblo; tenía que estar entre la presencia de Dios y el pueblo. Este es el trabajo pastoral, si uno solo está con el pueblo y sin Dios, todo se convierte en tradición, formalismos y hasta legalismo; y si uno está solo en la presencia de Dios y nunca sale para estar con el pueblo, se convierte en un extraño para el pueblo. Nuestro llamado siempre es a estar entre Dios y el pueblo; y ministrar a Dios y servir al pueblo para que reciba inspiración de Dios y trate de hacer cambios en su vida. Recuerde que liderazgo es llevar a alguien de aquí para «allá». ¿Sabe dónde es «allá»? ¿Sabe a dónde los está llevando?

Hoy es el tiempo para América Latina; por primera vez en la historia de la iglesia Dios está tocando a América Latina. En el primer milenio Dios usó el primer mundo (mundo griego-romano) para alcanzar al mundo; y en el segundo milenio Dios usó el nuevo mundo (Europa, y en la última parte del milenio, Norteamérica) para llevar el evangelio de Jesús al mundo. Ahora hemos entrado en el tercer milenio, y por primera vez en la historia Dios está tocando el tercer mundo (el tercer mundo no quiere decir el tercer puesto), y muy pronto usará a los latinos para liderar la iglesia en el mundo entero. El tercer mundo no significa que nos quedamos con la medalla de bronce, mientras otros tienen la de plata y la de oro; el tercer mundo solo significa un mundo en desarrollo. ¿Dónde están los recursos hoy día? Están en América Latina. ¿Dónde se está moviendo Dios hoy? En América Latina. ¿Qué quiere decir esto? Que tenemos que administrar bien esta responsabilidad que Dios nos da, la de formar esta generación no con un método antiguo que no funciona, sino en el fresco y nuevo movimiento del Espíritu Santo, no con la arrogancia de un dictador, sino con la humildad de un siervo. Administremos bien esta cuna de líderes futuros, porque tenemos una promesa y una herencia muy grande.

Que Dios los bendiga,

Robert Barriger

ANEXOS

Programa de fin de semana (capítulo 9, «Los servicios»)

		Sede:		Domingo xx / xx / xxxx
HORA	T	PROGRAMA		DETALLE
08:30	...	Abrimos puertas		Slides en pantalla
08:55	5'	Video Intro		Video
09:00	15'	1era Alabanza		David M. Dirige las alabanzas
		2da Alabanza / Adoración		
09:15	3'	Bienvenida / Anuncio / Pase a video		Luciana
	2'	Video anuncios		Video
09:20	2'	Mensaje de ofrenda		Paola
	3'	Alabanza		David M.
09:25	30'	Mensaje		Ps Robert
	5'	Llamado		Sube equipo de alabanzas
10:00				

Anuncios

- Conferencia de «Ellas» para mujeres
  Este xx y xx enero en el Coliseo xxxxxxx
- Campamento de jóvenes del xx al xx de febrero
  Las inscripciones están abiertas
- Aniversario CDV
- Lo celebramos el domingo xx en Coliseo a las 7:30 p.m. pero llegue temprano (6 p.m.)

NOTAS

1. Datos extraídos de: http://www.mintra.gob.pe/migrante/pdf/ trata_personas_peru_manual.pdf extraídos de un estudio realizado por el Ministerio de Salud del Perú, 2013.

2. Datos extraídos de: http://www.manuela.org.pe/wp-content/ uploads/2014/02/An%C3%Allisis-de-cifras.-Dossier-II.pdf

3. John Maxwell, *Las 15 leyes indispensables del crecimiento* (Nueva York: Center Street, 2013).

Nos agradaría recibir noticias suyas.
Por favor, envíe sus comentarios sobre este libro
a la dirección que aparece a continuación.
Muchas gracias.

Vida@zondervan.com
www.editorialvida.com